L'ASIE
EN PLVSIEVRS CARTES
NOVVELLES, ET EXACTES; &
EN DIVERS TRAITTE'S
DE GEOGRAPHIE, ET D'HISTOIRE.

Là où ſont deſcripts ſuccinctement, & avec vne belle Methode, & facile

SES EMPIRES, SES MONARCHIES SES ESTATS, &c.
LES MOEVRS, LES LANGVES, LES RELIGIONS,
LES RICHESSES DE SES PEVPLES, &c.

SECONDE EDITION

DEDIE'E A MONSEIGNEVR
MONSEIGNEVR

FOVCQVET

COADIVTEVR DE NARBONE
CONSEILLER DV ROY EN TOVS SES CONSEILS, &c.

Par N. SANSON d'Abbeville, Geographe Ordinaire du Roy.

A PARIS,
CHEZ L'AVTHEVR,
Dans le Cloiſtre de Sainct Germain l'Auxerrois
joignant la grande Porte du Cloiſtre.

CIↃ IↃCLVIII,

Avec Privilege pour vingt Ans.

A MONSEIGNEVR MONSEIGNEVR FOVCQVET, COADIVTEVR DE NARBONE, CONSEILLER DV ROY EN TOVS SES CONSEILS, &c.

ONSEIGNEVR,

Ce n'eſt pas ſans vne particuliere Providence de Dieu, que j'ay reſervé la plus belle, & la plus Riche Partie du Monde, pour vous eſtre preſentée ; afin que ſans ſortir de voſtre Maiſon, elle y eut vn Protecteur, dont le merite pût répondre aux avantages que naturellement elle a ſur ſes Compagnes : Elle ſçait que l'Afrique n'oſeroit plus porter de Monſtres depuis qu'elle porte le nom de Monſeigneur le Procu-

reur General vostre Frere, & que l'Amerique n'est pas moins glorieuse de celuy de Monseigneur l'Abbé, que de l'honneur qu'elle a, d'estre en partie & Civile, & Françoise. Et comme l'Asie attend avec impatience l'accomplissement des Oracles, qui luy promettent, qu'elle rentrera bien-tost, non-seulement sous l'Empire de nos Rois, mais aussi sous celuy de IESVS-CHRIST: *Elle ne peut s'y preparer plus dignement qu'en recourant à Vous,* MONSEIGNEVR, *dont la protection luy rendra favorables & le Ciel & la Terre. Elle imite ces Filles Vertueuses, qui dans le sac d'vne Ville implorent le secours d'vn Officier genereux pour sauver leur Honneur, en attendant que la confusion soit dissipée, & que la bonté du Vainqueur restablisse la Paix, & la seureté aux lieux d'où sa colere les a bannies. Il en est ainsi de l'Asie,* MONSEIGNEVR, *elle gemit sous la Tyrannie non seulement des Hommes, mais des Demons; elle voit que tout l'Vnivers est dans le desordre, que l'indignation de Dieu est respanduë sur la Terre, qu'il jugera bien-tost ses Ennemis, & qu'elle doit estre restablie dans la gloire, & dans les bonnes graces du Roy des Roys. Elle vous regarde,* MONSEIGNEVR, *comme vn des plus Illustres Prelats de l'Eglise, qui doit bien-tost la revoir dans son sein, elle se jette entre vos bras, en attendant que l'iniquité soit passée.*

Et elle espere que Vous la garantirés des outrages qu'on luy feroit souffrir sans Vous. Bien qu'elle soit assez eloignée de ce Climat, elle n'ignore pas ce que Vous y faites, le bruit de vos Vertus s'est fait entendre jusques dans les lieux Saincts, les Chrestiens qui soupirent chez elle, y ressentent vos charités, & l'exemple de vostre vie en adoucit les peines; ils portent courageusement les Croix, ausquelles ils sont attachés, quand ils apprennent qu'au milieu des douceurs, & des biens de la Terre, Vous ne vous contentés pas d'estre interieurement vne fidele copie de IESVS-CHRIST *dans sa vie soufrante, mais que Vous ne demeurez parmy les consolations du Monde, que pour avoir le plaisir de vous en priver. Comme c'est,* MONSEIGNEVR, *cet aneantissement volontaire, qui vous esleve à la conformité d'vn Dieu, c'est ce qui fait l'admiration de cette Estrangere; ausi bien que celle de la France, & de toute l'Eglise; & c'est ce qui fait qu'en Vous regardant au dessus des eleuations ordinaires, elle attend de Vous des secours au dessus du commun. Mais insensiblement ie me laisse entraisner à ses mouvemens, & je ne prens pas garde, qu'ils me pourroient faire perdre la grace, que j'ay pretendu de m'acquerir par elle. Jl ne faut pas que son ardeur m'emporte contre vostre inclination, elle ne vous connoist pas si bien que moy, elle sçait que vous estes tres-digne de loüan-*

ges, mais elle ne ſçait pas que vous ne les ſçauriez ſouffrir, & que meſme il vaut mieux ſe tenir dans vn reſpectueux ſilence, que d'entreprendre vne choſe qui eſt au deſſus de ſes forces, & de celles

MONSEIGNEVR,

De voſtre tres-humble, tres-obeiſſant, & tres-obligé Seruiteur,

N. SANSON *d'Abbeville, Geographe ordinaire de S. M.*

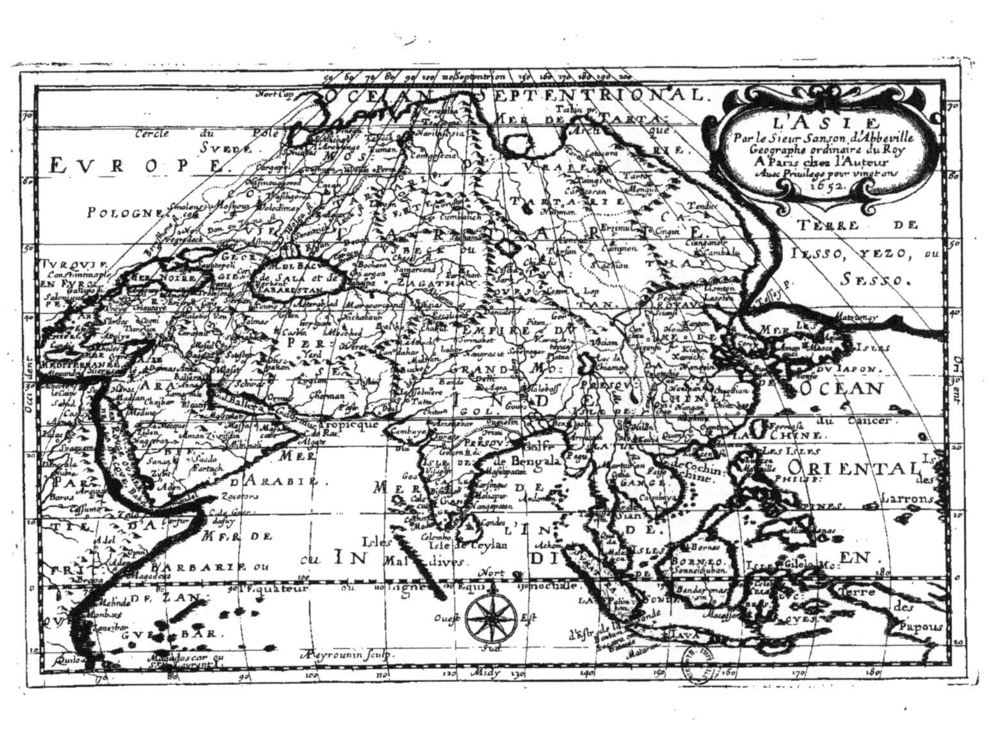
L'ASIE
Par le Sieur Sanson d'Abbeville
Geographe ordinaire du Roy
A Paris chez l'Auteur
Auec Priuilege pour vingt ans
1652.
OCEAN SEPTENTRIONAL.
MER DE TARTARIE.
EVROPE.
POLOGNE
TERRE DE IESSO, YEZO, ou SESSO.
TARTARIE
EMPIRE DV GRAND MOGOL.
PERSE
MER DE LA CHINE.
OCEAN ORIENTAL
Golfe de Bengala
Isle de Ceylan
Isles Maldives
MER D'ARABIE.
Tropique du Cancer.
Terre des Papous
Nort
Oueft
Eft
Sud
Midy
Aeyrounin Sculp.

ASIE.

L'ASIE est l'vne des trois Parties de nostre Continent, & si nous considerons les Aduantages que l'Autheur de la Nature luy a donné ; si nous considerons les Actions, qui s'y sont passées dés auparauant, & peu apres le Deluge ; si nous considerons que les premieres Monarchies, & que toutes les Religions y ont eu leurs commencemens ; en fin si nous considerons que les principaux Mysteres de l'ancienne, & de la nouvelle Loy y ont esté operés, nous la prefererons facilement à toutes les parties de l'vn & l'autre Continent.

Et comme entre ces deux Continens le nostre est de beaucoup le plus grand, le plus noble, & le plus considerable ; ainsi l'Asie entre les trois parties de nostre Continent ; puis qu'elle en est la plus Grande, la plus Orientale, la plus Temperée, & la plus Riche.

Sa Longueur s'estend d'Occident en Orient depuis le 55 Meridien ou degré de Longitude iusques au 180, & comprend 125 Degrés de Longitude, qui font enuiron deux mille cinq cens de nos lieuës communes. Sa Largeur du Midy au Septentrion depuis l'Equateur jusques au 72 Parallele ou Degré de Latitude, comprend 72 Degrez de Latitude, qui valent dix-huit cent de nos lieuës. Dans ces longueur, & largeur nous ne comprenons point les Isles, qui appartiennent à l'Asie ; & qui y sont aussi grandes, aussi riches, & peut-estre en aussi grand nombre, qu'il y en ait dans le reste de l'Vniuers.

L'Asie encore occupe la partie la plus Orientale de nostre Continent ; l'Afrique, & l'Europe ensemble n'en occupans que la partie la plus Occidentale ; l'Afrique vers le Midy, & l'Europe vers le Septentrion. Or l'Orient sera tousjours estimé plus noble, plus excellent, & plus agreable que l'Occident, parce qu'il reçoit le iour, & les influences du Soleil, & de tous les Astres plustost que l'Occident.

Son assiette est la plus part entre le Cercle Tropique du Cancer, & le Cercle du Pole Arctique ; n'ayant presque rien au delà de celuy-cy, outrepassant l'autre en diverses Presqu'Isles, qu'elle advance vers le Midy ; & en partie de ses Isles, qu'elle espand sous l'Equateur : De sorte que l'Asie est presque toute dans la Zone temperée ; ce qu'elle a dans la Zone torride, estant en presqu'Isles, & en Isles que les Eaux, & que la Mer peuvent rafraischir facilement.

L'Asie estant la partie la plus grande, la meilleure, & la plus temperée de nostre Continent, elle en sera aussi la plus Riche. Ce qui se voit assez non seulement par la bonté, & par l'excellence de ses Grains, de ses Vins, de ses Fruits, de ses Herbes, &c. mais aussi par le nombre infiny d'Or, d'Argent, de Pierreries, d'Espiceries, de Drogues, & d'autres Denrées, & Raretés qu'elle porte, & qu'elle communique par tout ailleurs, & particulierement dans nostre Europe.

Apres tant, & de si grands Advantages que l'Asie reçoit au dessus de l'Afrique, & de l'Europe, si nous venons à l'Histoire la plus ancienne, nous trouverons qu'incontinent apres la Creation du Monde, le premier Homme, & la premiere Femme, qui sont nos premiers Parens ont esté creés & formés en Asie, & que le lieu du Paradis Terrestre, où ils furent transportés, aura esté aussi en Asie. L'Escriture Sainte dit en Orient, qui est tout en Asie: & si les Autheurs ne sont point d'accord, en quel endroit a esté creé le premier homme, & là où a esté le lieu du Paradis Terrestre, au moins sont-ils d'accord que ç'a esté en quelque partie de l'Asie. Nous pouvons adjouster que les premiers Patriarches depuis Adam jusques à Noé, & depuis Noé jusques à Iacob, ont tres-apparemment vescu en Asie. Et cecy est tiré de l'Histoire Sacrée auparavant le Deluge.

Apres le Deluge les premieres Terres, qui se trouuerent dégagées des Eaux, furent les Montagnes d'Armenie; là où l'Arche de Noé se reposa, & cela est en Asie: & lors que Noé partagea nostre Continent pour ses Enfans, & pour leur Posterité, il donna à Sem son aisné l'Asie; comme la plus grande, & la meilleure partie du tout; Cham eut l'Afrique, Iaphet l'Europe: mais auparavant que les Enfans, & que les Neveus de Noé eussent voulu se separer, ils bastirent d'vn commun consentement, & dans les plaines de Senaar, qui est de la Chaldée en Asie, la Tour de Babel; là où en fin la Confusion des Langues s'estant mise, ils furent contraints de s'eloigner les vns des autres, & de se retirer dans ce qui estoit de leur partage, & de cette Dispersion des Nations l'Afrique, & l'Europe, puis l'Amerique en ont receu leurs premiers habitans.

L'Asie s'estant trouvée plus grande, & mieux peuplée que les autres parties de nostre Continent, les premieres Monarchies s'y sont formées: Sçavoir celle des Assyriens, celle des Medes, & Babyloniens, & celle des Perses. Celle des Assyriens ayant duré l'espace de treize ou quatorze cens ans; celle des Medes, & Babyloniens environ trois cens; celle des Perses deux cens. Et avec ces Monarchies il faut faire estat que les Arts, que les Sciences, que les Lettres, & que les Loix se sont formées, & ont pris leur accroissement, & qu'elles n'ont passé dans les autres parties du Monde qu'avec le temps: d'où vient que les Latins ne les ont eu que par le moyen des Grecs, les Grecs par les Phœniciens, & les Phœniciens par les Assyriens.

Les Religions encor qui sont aujourd'huy connuës en toutes les parties du monde, ont paru plustost en Asie qu'ailleurs. Le Paganisme a commencé sous les Assyriens, le Iudaïsme sous les Hebreux, leur Loy ayant esté donnée à Moyse dans les deserts d'Arabie; Le Christianisme dans la Terre Sainte, & apres la mort de N. S. Iesus Christ; le Mahumetisme en Arabie, & par Mahomet. De l'Asie ces Religions se sont espanduës dans les autres parties de nostre Continent, quelques-vnes aussi dans l'autre.

Le Iudaïsme, & le Christianisme ayans eu leurs commencemens en Asie, presque tous les Mysteres, qui ont seruy a establir nostre Foy, y ont esté operés; Nostre Seigneur I. C. y ayant pris naissance, y ayant passé presque toute sa vie, y estant mort, & ressuscité pour le salut de tout le Genre humain.

De sorte qu'entre les trois Parties de nostre Continent, l'Asie est celle qui a les plus beaux advantages; pour sa Grandeur, pour son Assiette, pour son Temperament, pour ses Richesses: celle qui a veu créer le premier Homme, former la premiere Femme, qui a nourry les premiers Patriarches, qui a donné le lieu du Paradis Terrestre: celle qui a receu l'Arche de Noé apres le Deluge, qui a esté le Partage de Sem aisné entre les Enfans de Noé, qui a elevé la Tour de Babel, qui a fourny des Habitans aux autres parties du Monde: celle qui a estably les Monarchies des Assyriens, des Medes, des Babyloniens, des Perses: qui a formé les Arts, les Sciences, les Lettres, les loix: qui la premiere & apres la loy de Nature a receu le Paganisme, le Iudaïsme, le Christianisme, le Mahumetisme: qui a veu naistre, viure, mourir, & ressusciter le Sauueur du Monde. Toutes ces Raisons nous doivent faire estimer l'Asie beaucoup au delà l'Afrique, & de l'Europe. Venons à son Nom, à ses Bornes, & à ses Parties.

Le nom d'Asie est tiré diversement par divers Autheurs: mais qu'il soit pris du nom d'vne Fille, d'vne Femme, ou d'vn Philosophe; qu'il soit pris du nom d'vne Ville, d'vn Pays, ou d'vn Marais; ou encor de quoy que ce soit; il est constant que ce nom a esté premierement connu par les Grecs, sur la coste qui leur estoit opposée à l'Orient; puis il a esté donné à la Region, qui s'estend jusques à l'Eufrate; & qui s'est appellée Asie Mineure: & en fin il s'est communiqué à toutes les Regions les plus Orientales de nostre Continent.

La Forme de l'Asie n'est pas facile à prescrire; si nous auons esgard aux pointes qu'elle advance vers le Midy. N'ayant esgard qu'à son corps principal, nous pouvons dire que sa forme approche d'vne Ovale, couchée d'Occident en Orient; & si nous voulons laisser la Moscouie en Asie, cette Ovale sera encore mieux formée & plus égale.

Ses Bornes sont au Septentrion, à l'Orient & au Midy, l'Ocean; & particulierement vers le Septentrion partie de l'Ocean Septentrional, Glacial, ou Scytique; sçauoir celle qui baigne la Tartarie: à l'Orient & au Midy l'Ocean Oriental ou Indien, dont les parties sont les Mers de la Chine, de l'Inde, & d'Arabie. Vers l'Occident l'Asie est separée de l'Afrique par la Mer Rouge, depuis le Destroit de Babel-mandel jusques à l'Isthme de Suez, est separée de l'Europe par l'Archipelague, par la Mer de Marmara, & par la Mer noire, en tirant vn ligne à travers de toutes ces Mers, & passant par le Destroit de Gallipoli, ou des Dardanelles & des Chasteaux, par le Destroit de

Constantinople, ou Canal de la Mer Noire, & par le Destroit de Caffa ou Vospero : la ligne continuant par la Mer de Zabaque, & par les Rivieres de Don ou Tana, de Volga, & de Oby, par où elles s'approchent le plus les vnes des autres.

Les Anciens ont diuisé cette Asie en deux parties : les vns en Petite, & Grande ; les autres en Citerieure, & Vlterieure. La petite Asie n'est que la Region, qui se trouue entre l'Archipelague, la Mer Majeure ou Noire, la Mer Mediterranée, & l'Eufrate ; la Grande fait tout le reste de l'Asie. La Citerieure, & Vlterieure sont ainsi dites à l'esgard de la Grece ; & reçoivent cette distinction par le Mont de Taur, qui commençant non loin de la Mer de Rhodes, sous divers noms, continuë son eschine jusques à la Mer d'entre le Cathay, & la Chine, remontant tousjours du 35. au 40, & 45. degré de latitude.

Ces deux divisions ont quelque chose qui heurte le sens commun : la premiere fait deux parties trop inesgales, la petite Asie n'estant que la cinquantiesme partie de la Grande. De la seconde, hors de la seule coste de l'Asie Mineure, qui regarde la Grece, je trouve que dans tout le reste les deux parties sont tousjours d'vne esgale distance avec la Grece. Ie veux dire que l'Asie Vlterieure ne sera pas plus eloignée de la Grece, que la Citerieure ; & que l'Asie Citerieure ne sera pas plus proche de la Grece, que l'Vlterieure.

Et de plus ces Montagnes divisent l'Asie Mineure, & les anciens Empires des Assyriens, des Medes, des Babyloniens, des Perses, & des Parthes ; encore aujourd'huy ceux des Turcs, & des Perses tousjours en deux parties : ce qu'il faut éviter dans les premieres, & plus generales divisions des principales parties du Monde.

Dans mes Tables Geographiques i'ay divisé l'Asie en Terre Ferme, & en Isles. Cette Terre Ferme se peut subdiviser en deux grandes parties, par vne ligne tirée à travers la Mer Majeure ou Noire, par les Monts de Caucase, par la Mer de Tabarestan ou Caspienne ; puis par la Riviere de Gehun chercher les Monts de Naugracut, & d'Vssonte ; & en fin par cette fameuse Montagne, & Muraille, qui separe la Chine de la Tartarie.

Cette ligne continuant tousjours d'Occident en Orient, s'eloigne peu du 45. degré de Latitude ; divise l'Asie en deux parties, qui ne sont pas trop inégales : l'vne vers le Septentrion, l'autre vers le Midy : celle qui est vers le Septentrion tombe toute sous le nom de Tartarie, qui se peut subdiviser en cinq parties ; Vsbeck ou Zagathay, le Turquestan, le Cathay, la Tartarie deserte, & la Vraye Tartarie. L'autre qui est vers le Midy n'aura point d'autre nom en general que celuy-là mesme d'Asie, & se subdivisera encor en cinq parties ; qui seront la Turquie en Asie, l'Arabie, la Perse, l'Inde, & la Chine. Nous suivrons cét Ordre en commençant par les dernieres, par ce qu'elles sont les plus grandes, les plus belles, & les mieux connuës.

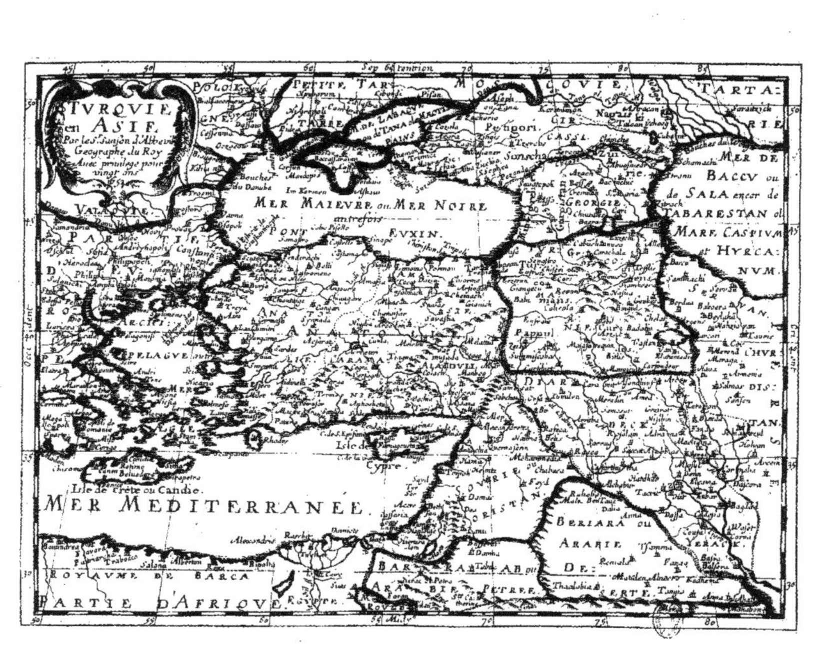
TVRQVIE en ASIE
Par le S.r Sanson d'Abbevi
Geographe du Roy
Avec privilege pour vingt ans
1652
MER MAIEVRE ou MER NOIRE autrefois
PONT EVXIN
MER MEDITERRANÉE
Isle de Crete ou Candie
Cypre
MER DE BACCV ou de SALA encor de TABARESTAN ol MARE CASPIVM et HYRCANVM
ROYAVME DE BARCA
PARTIE D'AFRIQVE
ARCHIPELAGVE
GEORGIE
PETITE TARTARIE

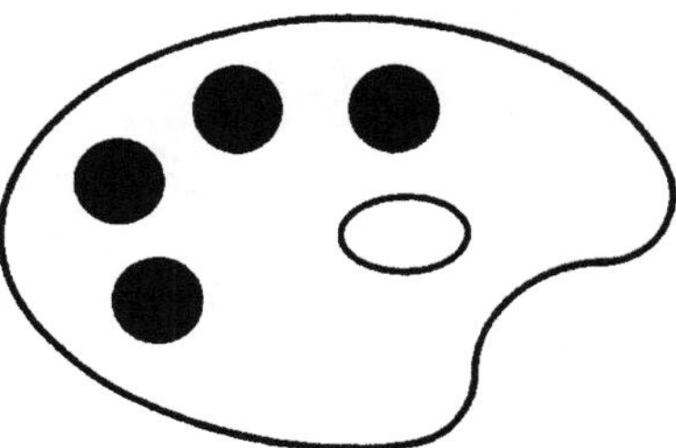

ANATOLIE
Par N. Sanson le fils
Geographe du Roy
A Paris chez l'Autheur
MER NOIRE ou MER MAIEVRE
olim PONTVS EVXINVS
MER MEDITERRANÉE
TVRCOMANIE
DIARBECK
CYPRE
ASIE MINEVRE
ANATOLIE
AMASIA
CARAMANIE
ALADVLI
ARCHIPEL
MER ÆGÉE
MER DE MARMARA

TVRQVIE EN ASIE.

SOvs le nom de Turquie en Asie nous entendons, non tout ce que le Grand Turc y possede, mais seulement certaines Regions qu'il y possede seul ; & s'il y a quelques Estats entremeslés, ils ne sont point considerables. Et dans cette Turquie nous y trouverons l'Anatolie, que les anciens ont appellé Asie Mineure la grande ; la Sourie, que les anciens ont appellé Syrie la Grande ; la Turcomanie aux anciens Armenie la Grande ; puis le Diarbeck, qui respond à la Mesopotamie, & à diverses parties de l'Assyrie, & de la Chaldée ou Babylonie des anciens.

L'Anatolie est cette grande presqu'Isle, qui estant baignée au Nort de la Mer noire ou Majeure, ou Pont Euxin ; au Sud de cette partie de la Mer Mediterranée, que nous appellons Mer de Levant, où sont les Isles de Rhodes, & de Cypre ; s'estend depuis l'Archipelague, ou Mer Ægée, qui luy est à l'Oüest ; iusques à l'Eufrate, qui la borne du costé de l'Est.

Les anciens ont divisé cette Grande Asie Mineure en plusieurs moindres Regions, dont les principales sont sept : le Pont, & Bithynie, la petite Asie Mineure, la Lycie, la Galatie, la Pamphylie, la Cappadoce, & la Cilicie : les trois premieres occupent ensemble la partie la plus Occidentale de toute la Presqu'Isle, les dernieres la plus Orientale, les deux autres font le milieu.

De ces sept Parties la Cappadoce se repartit en trois ; sçavoir en Cappadoce, Pont, & Armenie Mineure ; (cette Armenie est au deçà, la Grande au delà de l'Eufrate) la Galatie en deux, Galatie & Paphlagonie ; celle-cy estant sur la Mer, l'autre restant en terre. De sorte que nous pouvons mettre dans cette grande Asie Mineure dix principales parties ; lesquelles se repartissent encor en grand nombre d'autres moindres, que nous expliquerons particulierement, lors que nous donnerons au jour nostre Asie Mineure ancienne.

A present, il suffira de dire que les Turcs appellent en general cette grande Asie Mineure, Anatolie, qui signifie Orient : appellent Rum la partie de cette Anatolie la plus exposée au Septentrion ; sçavoir le Pont & Bithynie, la Galatie & la Cappadoce : appellent Cottomanidie les parties plus Meridionales, où sont la Lycie, la Pamphylie, & la Cilicie : la petite Asie Mineure, qui est sur l'Archipelague n'a point d'autre nom, que celuy-là mesme d'Anatolie.

Mais tous ces noms sont peu connus par deçà, encore moins ceux qui s'attribuent aux moindres parties de toute l'Anatolie. Les Turcs la divisent en quatre Beglerbeglicz, qui sont comme nos Gouvernemens Generaux ; soubs lesquels sont trente-quatre, ou trente-cinq Sangiacats, qui sont comme nos Gouvernemens particuliers.

Les Beglerbeglicz sont d'Anatolie, de Caramanie, de Toccat, & d'Aladuli: les deux premiers sont tout l'Occident de l'Anatolie entiere, les deux derniers sont tout l'Orient. Le Beglerbey d'Anatolie a sous soy vnze, ou douze Sangiacs; le Beglerbey de Caramanie n'en a que sept, ou huict; celuy de Toccat encor sept, ou huict; & celuy d'Aladuli cinq, ou six.

Les Villes où les Beglerbeys ont leur residence, sont Cutaige, ou Cutage, autresfois *Cotyæum*, pour celuy d'Anatolie; Cogne autrefois *Iconium*, autres mettent Cesaria, autresfois *Cæsarea penes Anazarbum*, pour celuy de Caramanie: Amasie qui retient son ancien nom, & quelquefois Trebisonde, autresfois *Trapezûs*, pour celuy de Toccat; & Maraz, pour celuy d'Aladuli.

Mais là où tous ces quartiers ont eu vn grand nombre de Villes belles & florissantes, il ne s'y en trouve que fort peu à present: & neantmoins outre ces Villes capitales de Beglerbeglicz, entre lesquelles Trebisonde, qu'ils appellent Tarrabosan, a esté siege d'vn fameux Empire; On peut faire estat de Burse, autresfois *Prusa ad Olympum*, ancien siege des Roys de Bithynie, & long-temps aprés des Empereurs Turcs, paravant qu'ils s'arrestassent en Europe. Et quelques-vns estiment encore cette Ville aussi riche, & peuplée que Constantinople: elle est au dessous du Mont Olympe, divisée en haute & basse: la haute est belle, fermée, & avec chasteau: il y a dedans & dehors la ville des Mosquées, & plusieurs Tombeaux des Princes Ottomans. Angoure autrefois *Ancyra Galatarum* prés le fleuve Sangare est vne des plus grandes, & plus riches de ce quartier, & fournit vn grand nombre de Camelots de Turquie: Satalie ou Antali est la plus forte, la plus marchande, & la meilleure de toute sa coste: & communique son nom au Golfe voisin, & à la partie plus Orientale de la Mer Mediterranée. Smyrne a vn grand negoce de Laines, de Cotton, de Soyes, & les François, Venitiens, Anglois y ont leurs Consuls. Ainsi peu d'autres peuvent estre encore en quelque reputation.

Dans l'antiquité, les plus fameuses y ont esté Troye, pour avoir soustenu vn Siege de dix ans contre les Grecs: Pergame pour les Richesses, les Meubles, la belle Bibliotheque de son Roy Attalus: Cume à cause de la Sibylle Cumée, & pour la naissance d'Hesiode. Phocée auj. Fogia Vecchia, qui nous a donné vne si belle Colonie dans la coste de Provence, Marseille: Ephese pour son Temple de Diane, mais plustost pour le Concile Oecumenique, & troisiesme General, qui s'y est tenu. Halicarnasse pour son Mausolée, Tombeau de Mausole & d'Artemise; pour la Fontaine Salmacis, encor pour estre la patrie de Denis d'Halicarnasse, & d'Herodote. Milet pour avoir peuplé de ses Colonies iusques à quatre-vingts Villes en diverses Mers. Sardes pour la demeure du Riche Cresus Roy de Lidye.

Chalcedon, & Nicée; celle-cy pour le premier, & celle-là pour le quatriesme Concile General, & Oecumenique, qui s'y est tenu. Cyzique pour l'excellence de son Gouvernement, & de sa Police. Pessinus où se faisoit Sacrifice à Cybele Mere des Dieux. Gordium où estoit le Nœud Gordien qu'Alexandre le Grand coupa en pieces, ne le pouvant dénoüer. Smyrne qui pense avoir veu naistre, & mourir Homere. Themiscyra prés le fleuve Thermodon ville Royale des Amazones. Amasie patrie de Strabon. Tyane partie du Grand Magicien Apollonius Tyaneus. Tarse & Anchiale, que Sardanapale bastit en vn jour; ainsi vn grand nombre d'autres villes.

Outre lesquelles les Montagnes, les Rivieres, les Isles, &c. ont eu par tout quelque chose de particulier : le Taur commence entre la Carie & la Lycie, & s'estend dans toute la longueur de l'Asie : estant pour sa longueur, & pour sa hauteur, & pour les branches qu'elle jette de part & d'autre, la plus grande, & la plus fameuse Montagne du Monde. Sur le Mont Ida en la Troade Paris jugea de la beauté de Iunon, de Pallas, & de Venus; & donnant la Pomme d'Or à la derniere, attira sur soy, & sur les siens l'inimitié des deux autres. Sur le Mont de Tmole en Lidye, Midas ayant estimé la Fluste de Pan plus agreable que la Harpe d'Apollon, se fit tirer les Oreilles; non pas si grandes, mais assés fort pour donner sujet aux Poëtes de se mocquer de luy, & dire qu'il avoit des Oreilles d'Asne. A Cragus on accommode le Monstre de Chimere, que Bellerophon a rendu traitable. Sur Latmus en Carie se sont passés les Amours de la Lune, & d'Endymion; & ainsi des autres.

Entre les Fleuves, Pactole a roulé tant d'Or en son sable depuis que Midas s'y fut baigné, que les Richesses de Cresus, & d'autres en sont provenuës: la Granique a esté tesmoin de la Victoire d'Alexandre le Grand contre les Satrapes de Darius : mais Alexandre s'estant baigné dans les froides eaux de Cidnus, en pensa perdre la vie: le fleuve Acheron, & le Lac Acherusia prés d'Heraclée en Bithynie sont estimés aller jusques aux Enfers; & que c'est par là qu'Hercules nous amena le vilain Cerbere. Halys aujourd'huy Lali a seruy de borne, & de limite entre le Royaume de Cresus, & l'Empire des Perses; mais il a esté fatal à Cresus.

Et il y a beaucoup d'autres choses à remarquer dedans, & aux environs de cette Asie Mineure. Le Bosphore de Thrace, ou Canal de la Mer Noire, ou Destroit de Constantinople, est si estroit que Darius Hystaspis dressa vn Pont dessus, & y fit passer ses Troupes d'Asie en Europe, pour faire la guerre aux Scythes: Xerxes fils de Darius en fit autant sur l'Hellespont, ou Destroit de Gallipoli, ou des Dardanelles, que nous appellons des Chasteaux, qui estoient Abydos & Sestos, pour porter la guerre dans la Grece. Les Ports Amanides, ou Pas du Mont Aman entre la Cilicie, & la Syrie sont faciles à garder : le Chemin dans la longueur de 2500 pas est entre des Rochers, & des Precipices escarpés ; dont le Pied est trempé de force Ruisseaux, qui se precipitent des Montagnes. Alexandre le Grand vainquit Darius dans ces Passages.

Encore les Isles aux environs de l'Asie Mineure sont fort connuës dans l'Antiquité, peu le sont à present ; elles sont presque toutes dans l'Achipelague, quelques-vnes dans la Mer Mediterranée, presque point en la Mer Noire. A l'entrée de cette Mer, & prés le Bosphore de Thrace sont les deux Isles Cyanées ; si proches l'vne de l'autre, que les Anciens nous ont voulu faire croire qu'elles s'entreheurtoient : La ville de Metelin en Lesbos a esté si fameuse pour sa grandeur, & pour l'excellence de ses Vins, qu'elle a communiqué son nom à cette Isle. Chio est à remarquer pour l'Eglise de son Convent de Neomene, l'vne des plus belles du Monde ; pour ses Arbres, qui portent le Masticq ; pour son Gouvernement, qui estoit encore n'aguere en la Famille des Iustinians de Genes. La Cheute, ou le naufrage d'Icare a donné le nom à l'Isle Icarie, & à la Mer Icarienne. Sainct Iean fut exilé en Pathmos. Cesar fut pris par les Pyrates de Pharmacuse prés Milet. Laloë se recueille dans les Isles de Lero, & Claros ou Casamo : le Medecin Hippocrate, & le Peintre Apelles estoient de Co, aujourd'huy Lango : mais les envieux d'Hippocrate disent qu'il ne fut sçavant, qu'en se servant des Receptes, dont il se faisoit rapport au Temple d'Esculape dans Co. Le Corail de Scarpante est le plus beau qui se voye.

L'Isle, & la ville de Rhodes ne sont point grandes : leur ancien Gouvernement, leurs Navigations, leurs Colosses ; entr'autres celuy du Soleil : qui estoit si grand, qu'estant dressé à l'entrée du Port, les Vaisseaux passoient entre ses deux jambes : & du depuis encore les Chevaliers de Sainct Iean de Hierusalem, l'ont renduë fort connuë. Mais Cypre est de beaucoup la plus grande de toutes ces Isles : il s'y est compté jusques à neuf Royaumes pendant l'Empire des Perses, & des Macedoniens. Ptolomée le divise en quatre quartiers, à present elle en a vnze ; mais elle n'a plus que deux villes fermées ; Nicosie & Famagouste ; là où il y en avoit quatre sous le Regne de la Famille de Lusignan, quatorze sous les Empereurs de Constantinople, & encore plus auparavant. Il ne s'y trouve plus aussi que huict cens cinquante villages, y en ayant eu iusques à treize mille. Nicosie a esté la demeure des Roys de la Famille de Lusignan, & siege d'Archevesché, & peuplée de quarante mille Familles. Famagouste est sur la Mer, & non moins forte que Nicosie : Bapho ol. *Paphus* a esté celebre pour son Temple dedié à Venus. Le Mont Olympe auj. de sainct Michel occupe le milieu de l'Isle.

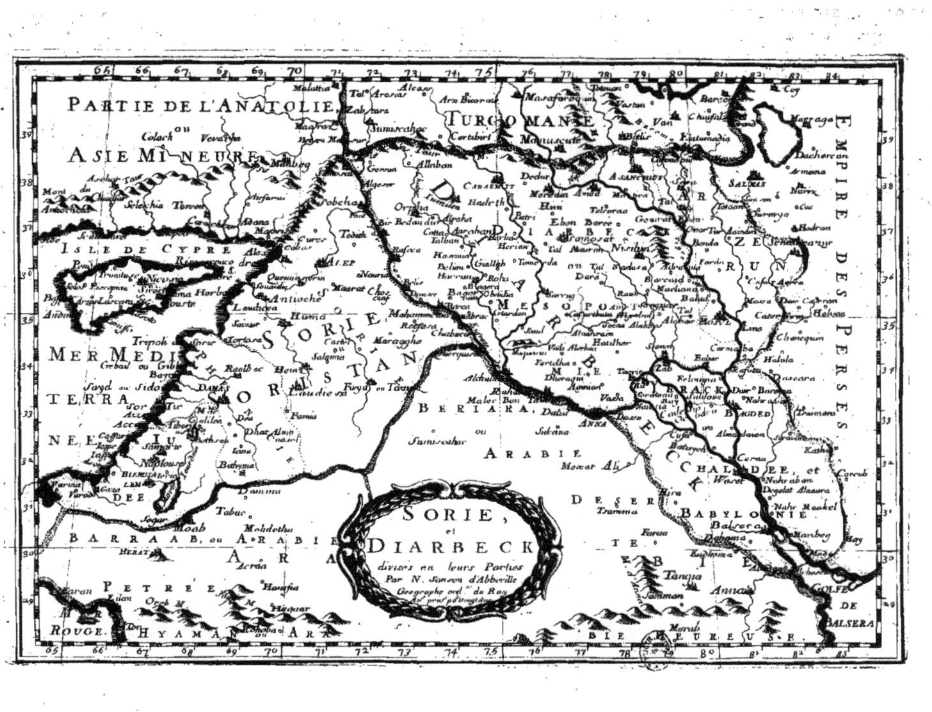

SORIE,
et
DIARBECK
divisés en leurs Parties
Par N. Sanson d'Abbeville
Geographe ord.re du Roy
PARTIE DE L'ANATOLIE, ou ASIE MINEURE
TURCOMANIE
EMPIRE DES PERSES
ISLE DE CYPRE
MER MEDITERRANEE
SORIE
SORIE ou SORISTAN
DIARBECK
MESOPOTAMIE
ARABIE DESERTE
CHALDEE, et BABYLONIE
GOLFE DE BALSERA
ALEP
Antioche
Tripoli
Moab
BERIARA
Sumsoahac

SOVRIE, ET DIARBECK.

LA Sourie, & le Diarbeck ensemble ont esté connuës autresfois sous le nom seul de Syrie, ou d'Assyrie: laquelle Assyrie ou Syrie a esté divisée premierement en deux grandes parties; dont la plus Orientale a retenu le nom d'Assyrie, la plus Occidentale celuy de Syrie: ce dernier nom plus conneu aux Peuples Occidentaux, le premier aux Orientaux: & ce premier encore plus fameux dans la premiere antiquité, l'autre dans la derniere.

L'vne & l'autre partie du depuis a esté sebdivisée chacune en trois; l'Assyrie en Assyrie, Mesopotamie, & Chaldée, ou Babylonie; la Syrie, en Syrie, Phœnice, ou Phenicie, & Iudée, ou Palestine. Ces trois dernieres ensemble reprennent aujourd'huy leur ancien nom general de Syrie, ou Sourie; les trois autres passent communément sous le nom general de Diarbeck, bien que la Sourie, & le Diarbeck ne laissent encor de se sousdiviser chacune en trois parties suivant les anciens; mais la Sourie retient ses noms anciens, & pour le general, & pour les trois parties, au moins entre nous: le Diarbeck tout au contraire, change entierement ses noms, & pour le general, & pour ses trois autres parties: l'Yerack respondant à la Chaldée, ou Babylonie, le Diarbeck particulier à la Mesopotamie, le Churdistan, &c. à l'Assyrie particuliere.

Et il faut remarquer que de ces trois parties, l'Assyrie a esté la premiere en vogue dans l'Histoire; la Chaldée, ou Babylonie la seconde; la Mesopotamie, ou le Diarbeck l'emporte aujourd'huy: soit parce qu'elle est restée la plus en son entier, les guerres d'entre les Turcs, & les Perses ayant fort ruiné les deux autres parties: soit parce que les Turcs possedans cette partie plus absolument, & plus entierement que les autres, ils ont communiqué le nom de la partie qu'ils possedent aux parties, dont ils ne tiennent que peu de chose, & quelquesfois rien du tout. Or la connoissance des noms modernes de toutes ces parties nous estant venuë plustost par la Turquie, que par la Perse, nous nous servons de ceux qu'ils nous ont appris: peut-estre que dans la Perse nous en trouverons d'autres; mais qui seront plus connus aux Orientaux qu'à nous. Voyons la Sourie, qui est la plus proche de nous, & en deçà de l'Eufrate, cela fait, nous passerons au delà de l'Eufrate, & nous traitterons du Diarbeck.

SOVRIE.

La Sourie, autresfois Syrie la grande, & aujourd'huy Soristan aux Orientaux, est à peu prés ce que les Romains appellent leur Diœcese d'Orient; & semble que nous l'appellons encore le Levant. Elle s'estend depuis la Mer Mediterranée, qui luy est à l'Occident, jusques à l'Eufrate, qui la separe du Diarbeck vers l'Orient: & depuis le Mont Aman, ou Monte Negro, qui la borne vers le Septentrion, & la separe de la Cilicie, jusques à l'Arabie, & l'Egypte, qui la ferment vers le Midy.

Les Anciens l'ont divisée en trois parties principales : Syrie particuliere, & qui comme la plus grande, & la meilleure, retenoit le nom du tout ; Phœnice, ou Phœnicie, & Iudée, ou Palestine : celle-cy est la plus advancée vers le Midy, la Sourie vers le Septentrion, la Phœnicie reste au milieu ; & toutes sont le long de la Mer Mediterranée, depuis l'Anatolie jusques à l'Egypte. La Sourie particuliere, & seule touche à l'Eufrate, le reste à l'Arabie.

Aujourd'huy les Turcs divisent toute la Sourie en deux Beglerbegliz ; Alep, & Damas : quelques-vns en font vn troisiesme de Tripoli de Sourie : & donnent à ce dernier cinq Sangiacats, neuf ou dix à Damas, & sept à Alep ; qui seroient en tout seize, ou vingt Sangiacats ; dont les noms, & les assiettes sont la plusspart inconnuës. Nous nous contenterons de dire quelque chose des Villes, qui ont esté, ou qui sont encor les principales de tous ces quartiers, en commençant par celles de Syrie.

Antachia, ou Antioche a esté capitale de Syrie, si belle autresfois, qu'elle a tenu le trois ou quatriesme rang entre les plus belles de l'Empire Romain : ses murailles sont encor sur pied, & des plus belles qui se puissent voir ; le dedans est tout en ruines : son assiette est sur le Fleuve Oronte auj. Assi, ou Haser, & prés la Bourgade Daphné : lieu si fameux, & si delicieux pour son Bois de haute-fustaye, pour ses Fontaines, pour la bonté de son Air, pour ses Temples dediés à Apollon, & à Diane ; pour son Asyle, & là où Daphné avoit esté changée en Laurier, qu'il a esté comparé avec la Vallée de Tempé en Thessalie. Et de plus Antioche a esté la demeure de quelques Empereurs Romains, & des premiers Officiers de leur Empire d'Orient : elle a esté le premier Siege de Patriarche que S. Pierre ayt estably, & qui a compris dans les commencemens de l'Eglise les Diœceses de Thrace, d'Asie, de Pont, & d'Orient.

Aujourd'huy Alep est la plus grande, & la principale de toute la Sourie, & vne des plus fameuses de tout l'Orient : puis Aman, Hemsa, & autres. Alep est l'ancienne Hierapolis : elle est assise entre l'Eufrate, & la Mer Mediterranée ; & là où l'Eufrate, & cette Mer s'entr'approchent le plus ; ce qui facilite vn des plus beaux, & des plus grands commerces du Monde ; sçavoir de tout l'Orient avec l'Occident en passant par le Golfe d'Ormus, & de Balsora ; & remontant l'Eufrate iusques vis à vis d'Alep : d'où la voiture se fait par terre jusqu'à Alep, & d'Alep jusques à Alexandrette, qui est sur la Mer Mediterranée : & delà dans toutes les parties de l'Asie, de l'Afrique, & de l'Europe, qui sont dessus cette Mer Mediterranée, & bien avant dans l'Ocean.

Les Persans, les Armeniens, les Arabes, & autres peuples Orientaux portent à Alep des Soyes, des Drogues, des Espiceries, des Pierreries ; qu'ils tirent de toutes les Parties, & de toutes les Isles de l'Asie. Du costé de l'Occident les François, les Venitiens, les Genois, les Anglois, & les Hollandois y portent des Velouz, des Satins, des Draps de laine de diverses couleurs, de l'Escarlatte, du Plomb, du Fer, de l'Estaim, du Corail, des Fourrures d'Hermines, des Marthes Zibelines, des Ducats, & des Reaux en espece, qu'ils estiment beaucoup. Et auparavant que les Portugais eussent pris le chemin des Indes Orientales par le Cap de bonne Esperance, il n'y avoit point de commerce entre l'Occident, & l'Orient, que celuy-cy par Alep ; ou par la Mer Rouge, & l'Egypte.

Aman, ou Ama autresfois Apamie, est dessus vne moyenne colline, au milieu d'vne grande plaine ; bordée d'autres collines tres-agreables, & abondantes en Grains, Vins, Fruicts de toutes sortes. La ville est presque environnée de la Riviere Oronte, & d'vn grand Lac. Les Iardins y sont arrousés de plusieurs Canaux tirés de la Riviere ; il y a des Pastures tres-excellentes, & là où Seleucus Nicanor faisoit nourrir cinq cent Elephans, trente mille Cavales, & vne grande partie de sa Milice y estoit d'ordinaire. Encor aujourd'huy la ville est la mieux peuplée de toute la Sourie aprés Alep, & Damas. Le Chasteau commande & à la Ville, & à la Plaine.

Emsa, ou Hemz est presque en semblable assiette qu'Aman, & pour la Ville, & pour le Chasteau ; & parce que les Arabes l'appellent Humsi, & que ce nom approche du nom de Hus, quelques Autheurs veulent que ce soit la Patrie du Patient Iob.

Outre ces Villes, les anciens ont encor icy fait estat de Laodicée, & de Seleucie, basties par Seleucus Nicanor ; aussi bien qu'Antioche, & Apamie : encore de Samosate, patrie de l'infame Lucian ; de Zeugma, i. Pont sur l'Eufrate ; & bien avant dans les Deserts de l'Arabie ; de Palmyre auj. Fayd ; dont l'vn de ses Roys Odenat, & sa femme Zenobie ont esté fort connus, pour les Victoires qu'ils ont remporté à diverses fois contre les Parthes ; & pour s'estre voulu maintenir dans l'Empire d'Orient.

Sur les confins de la Cilicie, & de la Sourie Ventidius Bassus deffit les Parthes à diverses fois ; Vne fois en Cilicie, vne autresfois dans les Passages du Mont Aman, où mourut Pharnabates Lieutenant de Pacorus ; & les deffit la troisiesme fois en Syrie, où Pacorus mesme fut tué : ce qui compensa la perte, & vengea la mort de Crassus.

Les plus belles Villes de la Phœnicie ont esté Sidon, Tyr, & Damas ; puis Acon, ou Ptolemaïde, Tripoli, Barut, Byblus, & autres. Sidon, & Tyr sont à present tout en ruines, Damas s'est remise dans son entier. De toutes les autres Tripoli, & Acre, ou Acon sont presque seules en quelque consideration.

Sidon auj. Sayd, & quelquesfois Sayette a esté en vogue dans la premiere antiquité : elle a esté bastie, ou du moins le nom a esté pris du nom de Sidon, aisné des enfans de Chanaan. Son assiette est dessus vn Rocher, le long de la coste de la Mer, & avec vn beau Port : & la Campagne voisine est fertile, & arrousée de divers Ruisseaux, qui descendent du Mont Liban : elle a esté fort celebre dans les Arts, dans les Sciences, & particulierement en l'Arithmetique, en l'Astronomie, en la Navigation, dans l'Exercice des Armes, en l'Invention des Verres. Elle a peuplé diverses Colonies, entr'autres Thebes en Beoce. Les Perses furent les premiers qui la ruinerent, puis d'autres : elle s'est remise à diverses fois. L'Emir Alli fils de l'Emir Facardin a fait autresfois sa demeure parmy ses ruines.

Tyr auj. Sor, ou Sour, est dans vne assiette si advantageuse (c'est vn Rocher presque entierement borné de la Mer) qu'elle a disputé de la primauté à l'encontre de Sidon, & en fin l'a emporté. Nabuchodonosor la ruina apres vn siege de quatorze ans, puis Alexandre le Grand aprés vn siege de sept ou huict mois. Elle s'est remise, & renduë puissante à diverses fois, par le moyen de son Escarlatte, & de son Commerce : & quand elle a esté en sa splendeur, on pouvoit dire que si on eust consideré seulement son assiette, c'estoit vne Forteresse, si son Negoce, c'estoit vn Marché ; si sa Magnificence, c'estoit vne Cour Royale ; si ses Richesses, c'estoit le Thresor de l'Vnivers. Les Villes de Carthage, d'Vtique, de Leptis, & autres en Afrique, de Gades en Espagne, & au delà du Destroit, estoient de ses Colonies: & quelques-vns ont voulu dire, que l'Amerique a esté peuplée par eux. L'Emir Ione frere de l'Emir Facardin, demeuroit nagueres entre ses ruines : son Port est encore le meilleur de toute la Phœnicie.

Damas, à ceux du Pays Scham, a esté dés y a long-temps, & est encor à present tres-celebre. Ioseph croit qu'elle a esté bastie par Vs fils d'Abram, petit fils de Noé : quoy que c'en soit, aprés que Sidon, & Tyr ont eu quelques desadvantages : celle-cy s'est mise en reputation, & a esté estimée la premiere de la Phœnicie, & quelquesfois de toute la Syrie. Elle est au delà du Mont Liban à l'esgard de Sidon, & de Tyr ; dans vne campagne si fertile, & si delicieuse, par le moyen des Fontaines, & des Rivieres qui l'arrousent, que dans l'Escriture Saincte elle est appellée Ville fameuse, Ville de Ioye, Maison de delices, & de Volupté : & quelques Autheurs l'appellent le Paradis du Monde. Aussi ses Vins, ses Fruicts, ses Laines, & ses Soyes dont ils font de si belles, & si riches Manufactures ; ses Prunes, ses Eaux de senteurs, qui se font de Roses ; ses Coutelas, & ses Lames d'Espées sont en estime, & portent son nom par tout.

Elle n'a pas laissé de souffrir de tres-grands changemens, aussi bien que Sidon, & Tyr : elle a esté prise, reprise, ruinée, & restablie à diverses fois par les Assyriens, par les Babyloniens, par les Perses,

par

par les Macedoniens, par les Romains, par les Parthes, par les Sarrasins, par les Tartares, par les Soldans de l'Egypte, & en fin par les Turcqs, entre les mains desquels elle est encor à present & tres-belle, & tres-riche. Les Maisons des particuliers ne sont pas si belles au dehors comme au dedans. Les Bastimens publicqs y sont tres-beaux. Le Chasteau est au milieu de la Ville, basty par vn Florentin.

Tripoli de Sourie (à la difference de Tripoli de Barbarie) est auj. estimée par quelques-vns la capitale de la Phœnicie, encor qu'elle ait trois fois plus de ruines, que de bastimens entiers. Des trois Villes, dont elle estoit composée, & dont elle a pris son nom, les deux sont en ruines, & celle qui reste n'est plus que de la grandeur de Pont Oyse, à ce que dit Mocquet: le Territoir en est tres-excellent, s'il estoit cultivé, mais l'air y est mal sain.

Acre ol. Acon, & Ptolemaïde est bordée de la Mer des deux costés, le troisiesme est attaché à la plaine de la Terre Ferme. La Ville est bien fermée, le Port asseuré, & marchand. La Plaine fertile & bien arrousée de Ruisseaux, qui descendent des montages voisines. Les Chrestiens ont pris, & repris cette place à diverses fois, lors qu'ils ont esté dans la Terre Saincte. Les Sarrasins de mesme. Les Soldans d'Egypte la ruïnerent, puis la restablirent; aujourd'huy elle est au Turcq.

Entre les autres Villes Biblus, auj. Gibeleth a esté la demeure de Cinire pere de Mirrhe, Mere du bel Adonis, dont le fleuve voisin porte le nom. Barut, ou Beryte est dans vne assiette agreable, mais prés d'vne Caverne, où on croit auoir esté le Dragon que S. Georges deffit. Venons à la Iudée ou Palestine.

La derniere partie, & la plus Meridionale de la Sourie, a premierement receu le nom de Terre de Chanaan; parce que les Enfans de Chanaan s'en saisirent les premiers, & la partagerent entr'eux. Quand Dieu l'eut promis à Abraham, & à sa Posterité, elle fust appellée Terre de Promission; mais lors qu'elle fut entre les mains des Hebreux, aprés le retour de l'Egypte, & qu'ils l'eurent divisée par Tributs, elle prit le nom de Terre des Hebreux; sous lesquels elle fut gouvernée par des Prophetes, par des Iuges, & par des Roys; mais sous ces Roys elle fut bien tost divisée en deux Royaumes; qu'ils appellerent de Iuda & d'Israël. Sous les Romains elle n'est plus connuë que sous le nom de Iudée, ou de Palestine: de Iudée parce que la Tribu de Iuda a tousjours esté la plus puissante des douze; & le Royaume de Iuda le plus noble, & s'est conservé plus long-temps que celuy d'Israel: de Palestine; parce que les Philistins qui occupoient vne partie de la coste maritime de la Iudée estoient puissans, & fort connus aux Estrangers. Aprés la Mort de Iesus-Christ, toute cette Terre fut appellée Terre Saincte.

De ces differents Noms, & de leurs differentes divisions, nous en traitterons quelque jour plus particulierement. Disons à présent vn mot de ses principales places qui sont Hierusalem, Iaffa, Cazere, Samarie, Naplouse.

Hierusalem est si connuë dans les Lettres Sacrées, qu'il faut confesser qu'elle a esté, non vne des plus grandes, mais vne des plus belles Villes du Monde. Ses Roys, ses Grands Prestres, & son Temple l'ont rendu fameuse, mesme aux Peuples plus esloignés. Son circuit a esté quelquesfois de cinquante stades, qui ne font que six mille deux cens cinquante pas Geometriques, ou deux lieuës & demie communes de France. Si bien bastie qu'elle estoit capable de cent cinquante mille Familles. Son Temple a esté le plus beau, le plus grand, & le plus magnifique qu'il y ait jamais eu. Ses Portes, ses Tours, ses Murailles, ses Fossés taillés dans le Roc, son assiette dans les montagnes la rendoient imprenable.

Son Orgueil à la fin l'a perdu à diverses fois. Nabuchodonosor est le premier qui la mit en ruines. Pompée se contenta d'en démanteler les Murailles, & d'en combler les Fossés. Vespasian, & Tite Cesar la ruinerent de fond en comble, & firent perir dans la place vnze cens mille hommes, qui y estoient assemblés pour la Pasque. Adrian ruina encor quelques Tours, & quelques murailles, que l'on avoit laissé pour y loger la garnison des Romains. Puis fit rebastir vne nouvelle ville; partie sur les ruïnes de l'ancienne, & partie sur les dehors : mais avec les divers changemens qu'elle a eu du depuis, sa beauté, & sa magnificence sont toutes descheuës.

Ioppe ou Iaffa sert de Port à Hierusalem : & c'est là où le Bois, & les Pierres tirées du Mont Liban, & destinées pour le Bastiment du Temple de Salomon, estoient apportées par eau ; & d'icy par terre à Hierusalem. C'est le Port où Ionas s'embarqua, pour s'enfuir de la face du Seigneur, qui luy avoit commandé d'aller à Ninive prescher la Penitence ; & c'est là où apparemment encor la Baleine le revomit, & d'où il reprit le chemin, qui luy avoit esté commandé. De cette Histoire les Payens en ont fait la Fable d'Andromede, & pretendoient de monstrer dans le Rocher, qui est au devant du Port, la marque des Fers, où Andromede fut attachée, & exposée au Monstre Marin.

Aprés Hierusalem il reste encor Gaza, auj. Cazere, plus grande, & mieux habitée que n'est Hierusalem. Samarie n'a presque plus que des ruines de quelques superbes Bastimens, aprés avoir esté le Siege des Roys d'Israel. Sichem, auj. Naplouse a quelques Samaritains, & reste la capitale de ce quartier, & la mieux habitée, mais avec force ruines. Et à vray dire, il n'y a presque plus de place de marque dans toute la Terre Saincte. Là où sous les Cananéens, sous les Hebreux, sous les Iuifs ; il y a eu tant de Peuples, tant de Roys, tant de Villes, si riches, & si puissantes, que pour la continence de la Terre, il n'y a point eu de Pays dans le Monde, qui eut pû luy estre comparé. Hierusalem est aujourd'huy gouvernée par vn Bascha, & Naplouse par vn autre, qui obeissent au Beglerbey de Damas.

DIARBECK.

LE Diarbeck pris en particulier ne doit respondre qu'à la Mesopotamie, qui n'est que partie de l'ancienne Assyrie: pris en general, il respond aux trois parties de cette Assyrie: dont l'Assyrie particuliere s'appelle aujourd'huy Arzerum ou Aderbigian; la Mesopotamie, Diarbeck; & la Chaldée ou Babylonie, Yerack. La premiere est la plus Orientale, & presque tout au delà du Tigre. La seconde est la plus Occidentale & entre le Tigre & l'Eufrate; La troisiesme est la plus Meridionale, & sur l'vn & l'autre costé du Tigre. Le nom d'Assyrie vient d'Assur fils de Sem; celuy de Mesopotamie est tiré de sa scituation, qui est entre les fleuves du Tigre, & de l'Eufrate; ceux de Chaldée, ou Babylonie sont pris, l'vn du nom de ses anciens Peuples, l'autre du nom de la Ville capitale de ce Peuple, qui a esté si fameuse dans tout l'Orient.

En cette Chaldée ou Babylonie auj. Hierack, il y a nombre de belles Villes, comme Bagdad, Balsera, Coufa, & autres. Bagdad est l'ancienne Ctesiphon vis à vis de l'ancienne Seleucie, qui s'accreut tellement des ruines de Babylone, qu'elle en recevoit quelquesfois le nom. Elles sont a vne journée qui fait douze, ou quinze lieuës, des ruines de l'ancienne Babel. Celle-cy ayant esté sur l'Eufrate, & celles-là sur le Tigre, Seleucie en deçà, n'estant plus que le Faux-bourg de Bagdad qui est delà. La ville a encore plus de vingt mille maisons restant d'vn beaucoup plus grand nombre.

Balsera est prés de là où le Tigre se perd dans le Golfe Persique, qui s'appelle aussi Golfe de Balsera, & d'Ormus. On donne à cette Ville dix mille maisons, & elle respond à l'ancienne Teredon. Le Flus de l'Ocean monte iusques à la Ville, qui est de grand Commerce, mais tous les Marchés sont hors de ses Murailles.

Coufa a esté quelquesfois le Siege des Califes, & prés d'icelle est enterré Alj. d'où vient qu'elle s'appelle aussi Massadali, ou Mexat Alj, Maison d'Alj, & il y a tousjours vn Cheval prest à monter Mahomet Mahadin fils d'Almansor, fils d'Ocem, fils d'Alj, quand il viendra convertir tout le Monde à la Loy de Mahomet: car cette conversion doit commencer à Coufa: mais ils ont eu jusques à present, & auront encor cy-apres tout le loisir de dérater ce Cheval, en attendant que ce courier soit prest à le monter: l'Orchöe d'aujourd'huy est l'Vrchoa de Ptolemée, & l'Vr naissance d'Abraham.

Bagdad, & Balsera ont chacune leur Beglerbey; & plusieurs Sangiacs; mais à bien dire, tantost le Turc, & tantost le Persan emportent ces quartiers; celuy-cy prit Bagdad en 1624. que le Turc a repris en 1638. le bruit est que le Persan la tient à present.

Les principales Villes du Diarbeck particulier, ou de la Mesopotamie, sont Rohaj, ou Orrhoaj, & plus communément Orpha, qui est l'ancienne Edesse, & porte encor dix mille pas de circuit, ou quatre lieuës. Caraemid ou Caramit ol. *Amida* en a autant ou plus, bien fermée, & avec trois cens soixante belles Tours. Merdin n'a que quatre ou cinq mille de circuit, mais tres-forte, & dessus vn haute montagne, ayant encor vn Chasteau au dessus d'vn mil de circuit. Asanchif est estimée la capitale du Pays, n'ayant encor que quatre ou cinq mil de circuit, mais quatre grands Faux-bourgs, où il se trouve vn grand nombre d'Habitans. *Carræ*, ou Crassus, & les Romains furent deffaits, s'appelle aujourd'huy Herren ou Harran. La Ville Sumiscasach non loin d'Edesse a son Chasteau dans vne assiette merueilleusement advantageuse. Le Chasteau de Corna, I. Pointe, est vne des plus importantes Places, que les Turcs ayent en tous ces quartiers, l'ayant basty au dessus de la rencontre du Tigre, & de l'Eufrate, pour tenir en subjection les deux Rivieres.

Le Beglerbey du Diarbeck, ou de la Mesopotamie reside ordinairement à Asanchiuf, & quelquesfois à Caramit: le Geographe Arabe de Nubie appelle la Mesopotamie, al Gezira l'Isle, parce qu'elle est presque en Isle. L'Eufrate la borne à l'Occident & au Midy: le Tigre du costé de l'Orient; vers le Septentrion, ce sont montagnes qui la separent de l'Armenie, ou Turcomanie.

L'Assyrie est au delà du Tigre, & s'appelle aujourd'huy Arzerun ou Aderbigian (l'Arabe lit Adhrabigian.) Ses principales villes sont Mosul sur le Tigre, que l'on estime l'ancienne Ninive, autresfois de quatre cens quatre-vingts stades de circuit, ou de soixante mille pas Geometriques, & de vingt-quatre, ou vingt-cinq de nos lieuës: & là où Ionas a presché, & où Sardanapale se brusla avec ses Femmes, ses Enfans, ses Thresors; afin de ne pas tomber, & pour de rien laisser entre les mains de Belus, & de Arsaces Lieutenans Generaux de ses Armées, qui l'assiegeoient. Scherehezul ou Schiahrazur est fort advancée vers la Perse, & c'est la residence du Beglerbey, elle est proche, sinon la mesme qu'*Arbela*, renommée pour la Victoire d'Alexandre le Grand contre Darius, & que l'on dit retenir son ancien nom, & estre Archeuesché des Iacobites.

Tous ces quartiers d'Assyrie, de Mesopotamie, & de Chaldée, ont esté fort fameux dés la premiere antiquité: & pour la construction de la Tour de Babel, pour la dispertion des Nations; pour l'establissement des premieres Monarchies, pour la grandeur & la beauté de ses Villes, Ninive, Babylone, Seleucie; & pour la richesse de ses Peuples, pour la bonté & fertilité du Pays; & parce que le Paradis Terrestre semble y auoir esté, ou n'en avoir pas esté éloigné, comme nous dirons incontinent.

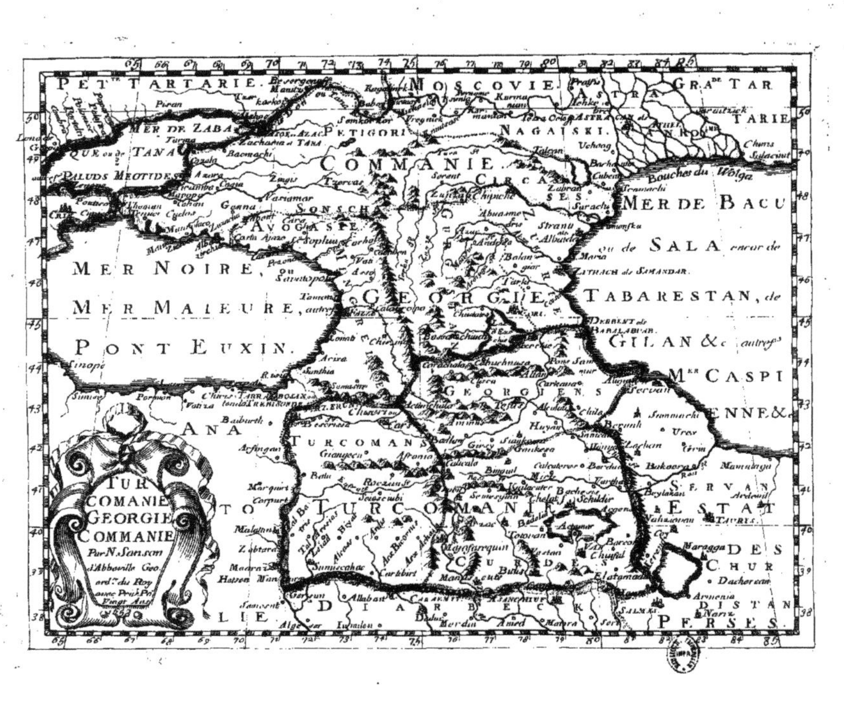
TURCOMANIE
GEORGIE
COMMANIE
Par N. Sanson
d'Abbeville Geo.
ord.re du Roy
avec Privil. Pr.
Vingt Ans
PETTE TARTARIE
MOSCOVIE
MER DE ZABA
COMMANIE
NAGAISKI
MER DE BACU
ou de SALA
TABARESTAN
GILAN
MER NOIRE, ou
MER MAIEURE, ou
PONT EUXIN
GEORGIE
GEORGIENS
TURCOMANS
TURCOMANIE
ANATOLIE
ESTAT DES
PERSES
DIARBECK
Bouches du Wolga
Sinope
Trebisonde
Maragga

LA TVRCOMANIE, LA GEORGIE, &c.

LA Turcomanie est au Midy de la Georgie, au Septentrion du Diarbeck, à l'Orient de l'Anatolie, & à l'Occident du Servan. Elle touche à la Mer de Tabarestan entre la Georgie, & le Servan: touche à la Mer Noire, entre l'Anatolie, & la Georgie; contient d'Occident en Orient peu moins de deux cens lieuës, & du Midy au Septentrion 150; respond à la Grande Armenie des Anciens.

Quelques-vns ne la divisent qu'en deux sortes de Peuples; en Turcomans, & Curdes: je voudrois y adjoûter du moins les Armeniens, & les Georgiens; ceux-cy ayans occupé vne bonne partie du Pays, aussi bien que les Turcomans, & que les Curdes: les autres en estans les naturels, & les plus anciens Habitans: car les Turcomans sont estimés descendre du Turquestan en Tartarie, d'où viennent les Turcs, & à qui ils ressemblent le plus; les Curdes estimés descendre des Anciens peuples de l'Assyrie, de la Mesopotamie, & la Chaldée, ou Babylonie; les parties plus Orientales de ces trois Parties estans encor appellées par les Turcs, & par les Perses, Curdistan. i. Pays des Curdes; & les Georgiens descendent de la Georgie, qui est au dessus, & contiguë à nostre Turcomanie.

De ces quatre sortes de Peuples, les Armeniens sont les plus industrieux, civils, & s'adonnent au Negoce; les Turcomans s'attachent plus à la campagne, & à la garde de leurs Troupeaux; les Curdes sont presque tousjours à Cheval, & tiennent beaucoup de l'Arabe; les Georgiens sont les plus dociles, & les plus paisibles. Les Turcomans, & les Curdes sont Mahometans; les Georgiens, & Armeniens la pluspart Chrestiens: & la Langue Armenienne est vne des plus generale de l'Asie; & qui s'estend encor ailleurs, y ayant des Patriarches, & des Evesques Armeniens, non seulement en Armenie, mais encor dans l'Anatolie, dans la Perse, dans la Terre-Sainte, dans l'Egypte, dans la Russie Blanche, & dans la Pologne.

L'Air de la Turcomanie est sain, encor que le temperament y soit froid, à cause des Montagnes. Le Terroir a plus de Grains, & de Fruits, que de Vins: il donne du Bol Armenic, de l'Amome, du Miel, de la Soye vers le Servan, & quelques Mines d'Argent. Les Pastures y sont par tout excellentes, & particulierement pour les Chevaux, dont ils font grand estat: & quand l'Armenie a esté sujette aux anciens Roys de Perse, elle leur fournissoit tous les ans vingt mille Chevaux. Aujourd'huy le Turc possede la plus grande partie du Pays, & tient encor, ou tenoit naguere des Beglerbeys à Erzerum, Cars, Revan, Van, Schildir, Teflis, & Derbent: outre lesquelles il y a plusieurs villes de consideration, dont le Persan en tient quelques-vnes.

Erzerun est sur l'Eufrate, & là où cette Riviere approche le plus de la Mer Noire, sur laquelle, & non loin d'Erzerun est Trebisonde: ce qui facilite vn grand commerce entre l'Orient, l'Occident, & le Septentrion: en venant de l'Océan Oriental, ou Indien par le Golfe d'Ormus, & de Balsera; puis remontant l'Eufrate, on peut recevoir en passant ce qui vient de l'Occident par Alep, & le porter jusqu'à Erzerun; d'où à Trebisonde il n'y a par Terre qu'environ vingt-cinq, ou trente lieuës: & ainsi Erzerun porte à Trebisonde tout ce qui vient de l'Orient, & de l'Occident, pour le communiquer dans le Septentrion par la Mer Noire: & Trebisonde porte à Erzerun tout ce qu'il y a de meilleur dans le Septentrion, pour le communiquer dans l'Occident par Alep, & par la Mer Mediterranée; & dans l'Orient par le Golfe d'Ormus, & par l'Ocean Indien.

Cars, Chars, ou encor Chiseri est à 4, ou 5 journées d'Erzerun vers l'Orient, en allant à Revan. La place est sur la Riv. d'Eufrate, a esté prise, & reprise à diverses fois par les Turcs, & par les Perses; qui ont eu là, & aux environs plusieurs Batailles, & Rencontres; tantost favorables aux vns, & tantost aux autres. Le mesme en est de Revan, de Schildir, & de Van: celle-cy n'est pas grande, mais bien fermée, & avec de bons fossés, & son Chasteau dans vne assiette presque inaccessible.

Teflis est encor en quelque estime à present; mais bien plus autresfois sous le nom d'*Artaxata*, qu'Artaxias Pere de Tigranes Roy d'Armenie avoit fait bastir, & fortifier à la persuasion de Hannibal; & la place se trouva si bonne, que Lucullus aprés avoir couru, & pillé toute l'Armenie, ayant assiegé cette place, là où estoient la Femme, & les Enfans de Tigranes, il fut contraint d'en lever le Siege.

Derbent est dans le plus grand, & le plus commun Passage qu'il y ait de la Turcomanie, de la Perse, & d'autres Provinces Meridionales de l'Asie, vers la Zuirie, le Royaume d'Astracan, & autres Estats plus Septentrionaux & de l'Europe, & de l'Asie. Son assiette est sur les dernieres Montagnes, & qui regardent de plus prés la Mer de Tabarestan: deux Murailles achevent de fermer les trois cens, & tant de Pas Geometriques, qui restent entre la ville, & le Port: & tout cela est si bien fortifié, que les Turcs en ont pris sujet d'appeller la place Demir, ou Temir Capi, Portes de Fer: & le nom de Derbent signifie aussi Porte Estroitte, & tres-apparemment ce sont les *Caspiæ Portæ*, si fameuses entre les Anciens: parce que dans l'Isthme d'entre la Mer Noire, & la Mer de Tabarestan, qui est de 3, ou 400 M P: il y a par tout de tres-hautes Montagnes, & tres-difficiles: & s'il s'y rencontre quelques Passages, ils sont infames pour les Voleries, & Courses, que font les Habitans du Païs, & les Princes, qui les possedent.

Bitlis, & Manuscute appartiennent aux Curdes, qui ont icy plusieurs, & divers Seigneurs, plus affectionnés aux Persans, qu'aux Turcs: & quand mesme les Turcs ont estably des Gouverneurs en ces quartiers, ils les ont choisi d'entre les principaux du Pays; & qui aux occasions n'ont laissé de se porter plustost pour les Persans, que pour les Turcs. Bitlis est entre deux Montagnes, baignée d'vn Ruisseau, qui reçoit plusieurs belles Fontaines: les Maisons y sont basties de pierres, ce qui est rare dans le Pays; les autres n'estant presque que de bois & de terre. Le Chasteau est dans vne assiette advantageuse. mais je croy que cette place n'est point entre les mains des Turcs. Et pour dire la verité, nous avons aujourd'huy peu de connoissance de ce qui est de ces quartiers, & à qui ils appartiennent.

L'Armenie a esté beaucoup plus connuë, & plus fameuse dans l'Antiquité qu'elle n'est à present sous le nom de Turcomanie. L'advantage de ses Bornes, la nature de son assiette, la magnificence de quelques-vns de ses Roys, & mesme sa grandeur, son Gouvernement, & ses Richesses y ont beaucoup contribué.

Ses Bornes sont tres-advantageuses estant toute enfermée de hautes Montagnes, de fortes Rivieres, & baignées de diverses Mers: du costé de Septentrion les Montagnes Moschiques, ou Moscontes, & le Fleuue Cyrus la separent de la Colchide, de l'Iberie, & de l'Albanie, que nous appellons Georgie en general: du costé du Midy les Montagnes de Taur, & de Niphate la separent de la Mesopotamie, & de l'Assyrie, que nous appellons Diarbeck: du costé de l'Occident l'Eufrate la separe de l'Asie Mineure, auj. Anatolie: du costé de l'Orient les Monts Caspiens la separent de la Medie, que nous appellons le Servan. Restent quelques parties de l'Armenie, qui touchent d'vn costé à la Mer Caspienne, ou de Tabarestan, entre l'Albanie, & la Medie; de l'autre au Pont Euxin, ou Mer Noire, entre l'Asie Mineure, & la Colchide: car divers Autheurs estendent l'Armenie iusques à cette Mer, que d'autres resserrent en dedans les Monts Moschiques.

Avec cét advantage le Pays est tout remply de Montagnes, de Vallées, de Rivieres, de Lacs. Le Mont Antitaur le coupe d'Occident en Orient, presque d'vne extremité à l'autre: & sa pointe plus Orientale s'appelle Abus; d'où l'Eufrate, le Tigre, & l'Araxe prennent quelques-vnes de leurs sources: les Mons Gordiens versent les principales sources du Tigre: les Monts Paryardes donnent les principales de l'Eufrate, de l'Araxe, & du Fazze.

Le Fazze tourne son cours vers le Septentrion, & aprés avoir traversé la Colchide, & souffert cent, ou six-vingts Ponts, tombe dans le Pont Euxin. L'Araxe tourne vers l'Orient, bagne les plus belles, & les plus riches plaines de l'Armenie; & tombe dans la Mer Caspienne entre la Medie, & l'Albanie: l'vn, & l'autre Eufrate descend vers l'Occident; mais dés qu'il approche le Pont Euxin, il se destourne vers le Midy, reünit ses deux Canaux en vn seul, traverse l'Antitaur, & le Taur; divise l'Armenie & la Mesopotamie de l'Asie Mineure, de la Syrie, & de l'Arabie; descend dans la Chaldée, où il baigne l'ancienne Babylone, & se perd dans le Tigre: celuy-cy descend du Mont Abus, & des Mons Gordiens, tombe en divers Lacs; se perd, & ressort à diverses fois de Terre: fend le Mont Niphate, separe la Mesopotamie de l'Assyrie, baigne Ninive, Seleucie, Ctesiphon: reçoit toutes les branches de l'Eufrate, & se décharge dans le Sein Persique.

Les plus grands Lacs de l'Armenie sont trois; *Thospitis*, *Areessa*, & *Lychnites*. Ce dernier est vers l'Araxe, & la Mer Caspienne: *Areessa* est celuy-là mesme que Pline, & Solin appellent *Arethusa*. Strabon *Arsene*, (avec lequel il confond *Thonitis*) Ammian Marcellin *Sosingite*: c'est le premier que le Tigre traverse, & aprés lequel il se perd en terre la premiere fois, & ce prés le Mont de Taur. *Thospitis* suivant Ptolomée, & *Thospites* suivant Pline, & *Thonitis* suivant Strabon, si je ne me trompe, est vn autre Lac que le Tigre traverse encor, & aprés lequel il se perd la seconde fois. Le premier a son Eau nitreuse, & qui peut servir à tirer les taches des habits, mais elle n'est pas bonne à boire.

Entre les Roys de l'Armenie, qui se sont fait connoistre le plus aux Romains, & aux Parthes; Tigranes Gendre de Mithridate Roy de Pont a esté le plus fameux. Ce Tigranes aprés avoir esté pour ostage entre les mains des Parthes, rentra dans ses Estats par leur moyen, & leur donna en recompense soixante & dix Vallées sur les confins de la Medie, & de l'Assyrie: mais dés qu'il eut reconnu, & recueilly ses Forces, il reprit toutes ces Vallées, battit les Parthes chez eux, pilla l'Assyrie iusques à Ninive, & Arbele, s'assujettit vne partie de la Medie, puis toute la Mesopotamie, la Syrie, la Phœnicie, la Cilicie: & croyant estre au dessus de la Fortune, Mithridates son beaupere fut deffait à diverses fois, & chassé de son Royaume de Pont par Lucullus, & les Romains; & se retira en Armenie prés de son Gendre: qui ne le voulant abandonner entre les mains de Lucullus, ce refus attira les Romains en Armenie, où Lucullus deffit à diverses fois Tigranes, prit *Tigranocerta*, où estoit son Diademe: & encor dans vne grande Bataille rangée, Tigranes ayant cent cinquante mille hommes de pied, & cinquante mille Chevaux, Lucullus avec seulement dix, ou douze mille hommes de pied, mille, ou douze cens Chevaux, luy coucha par terre cent mille hommes de pied, & la plus grande partie de sa Cavallerie; le contraignit de ceder aux Romains les Provinces de Cilicie, de Syrie, de Phenicie, de Mesopotamie, & de se contenter de son Armenie seule: mais laissons à present ce qui est de l'Histoire.

Ptolomée divise l'Armenie en quatre principales parties: & descrit dans la premiere sept Regions, ou Provinces, six dans la seconde, trois dans la troisiesme, & quatre dans la quatriesme: & place

place dans la premiere partie trente Villes, vingt-sept dans la seconde, douze dans la troisiesme, & dix-huict dans la quatriesme : qui font en tout quatre parties, vingt Regions, ou Provinces, & quatre-vingt sept Villes. Pline estime cent & vingt Strategies en Armenie. Ce sont les Gouvernemens, ou Iurisdictions particulieres des vingt Provinces, & dont il en tomberoit six dans chacune, l'vne portant l'autre.

Non seulement l'Armenie est connuë dans l'Histoire Profane; mais aussi dans la Sacrée. Aprés le Deluge, l'Escriture Sainte fait mention que l'Arche de Noé se reposa sur les Montagnes d'Armenie : de dire aujourd'huy precisément quelles elles sont (il y en a beaucoup en Armenie) les Autheurs ne s'en accordent point ; nous pouvons seulement conjecturer, que ce doivent estre, ou *Abus*, qui finit l'Antitaur, ou les *Pariardes*, ou les Gordiens, qui sont les plus hautes qu'il y ait en Armenie ; & d'où l'Eufrate, le Tigre, le Phazze, & l'Araxe descendent.

Or l'Eufrate s'appelle *Frat*, ou *Forat* ; & le Tigre *Diglath*, ou *Digelath* : ces deux noms *Frat*, & Diglath se trouvans entre les quatre Rivieres, que Moyse dit sortir du Paradis Terrestre ; il faut chercher ce Paradis, non loin d'icy : la difficulté est de trouver encor les deux autres Rivieres *Phison*, & *Gehon*.

Presque tous les Autheurs expliquent le Nil pour le *Gehon*, & le Gange pour le *Phison* : de la façon que la Bible nous descrit ces quatre Rivieres ; il faut qu'elles descendent d'vn mesme endroit : ce que ne peuvent faire le Tigre, l'Eufrate, le Nil, & le Gange. Le Tigre, & l'Eufrate ont quelques sources, qui ne sont pas beaucoup esloignées les vnes des autres ; mais celles du Gange sont à plus de douze cent lieuës, & celles du Nil à plus de quinze cent de celles du Tigre, & de l'Eufrate ; & d'ailleurs celles du Nil, & du Gange sont à plus de deux mille lieuës l'vne de l'autre.

Le *Phasis* a sa source dans les mesmes Montagnes que celles de l'Eufrate : & ainsi respondroit plustost au *Phison*, que ne pourroit faire le Gange. L'*Araxe* a ses sources dans les mesmes Montagnes, que celles de *Phasis*, & de l'Eufrate ; & ainsi respondroit plustost au *Gehon* que le Nil : car pour le Gehon, ou Iehun que nous connoissons à present, il respond à l'*Oxus* des Anciens ; qui coule entre la Bactriane, & la Sogdiane ; & se descharge dans la Mer Caspienne : mais il a ses Sources dans le Mont Caucase de l'Inde, & peu au deçà des Sources de l'Inde ; ce qui est encor à huict, ou neuf cent lieuës de celles du Tigre, & de l'Eufrate.

De ce rencontre que le Tigre, l'Eufrate, le Phazze, & l'Araxe ont icy leurs sources, nous pouvons juger que le Paradis Terrestre estoit en ces Montagnes. L'Escriture Saincte dit, qu'il y avoit au milieu de ce Paradis vne Fontaiue, d'où sortoit vne Riviere, (seule) qui se divisoit en quatre autres; qu'elle nomme *Phison, Gehon, Diglath, & Frat*, il est à croire que cette Fontaine aura esté dans le milieu, ou proche le milieu du monde: afin que ces Rivieres ayent eu leurs cours à peu prés égaux, pour arrouser toutes les parties du monde. Il faut encor que cette Fontaine ait esté dans la plus haute partie du Monde, afin que ces Rivieres ayent eu leurs pentes esgales.

Les Montages d'Armenie sont au beau milieu de nostre Continent: ce qui se verifie assez, en jettant l'œil sur ce Continent dans son entier: elles sont aussi les plus hautes du Monde, puis qu'elles ont esté les premieres descouvertes aprés le Deluge, & où l'Arche de Noé s'est reposée: & les noms Modernes des Rivieres, qui en descendent, n'estans pas fort esloignés des Anciens, au moins les trois des quatre, je ne fais aucune difficulté de dire, que s'il reste encor quelque marque, qui nous puisse faire voir le lieu, où a esté le Paradis Terrestre, ce sera plustost en ces quartiers, que par tout ailleurs.

GEORGIE.

Au dessus de la Turcomanie, & entre la Mer Noire, & la Caspienne, jusques au Mont de Caucase, est la Georgie: qui se divise en trois ou quatre parties; en Mingrelie, Avogasie, Gurgistan, & Zuirie. L'Avogasie est quelquesfois comprise sous le nom de Mingrelie: & d'vn autre costé vne partie de l'ancienne Armenie passe aussi sous le nom general de Georgie. La Mingrelie, & l'Avagosie ensemble respondent à la Colchide des Anciens, ou peu plus. Le Gurgistan à l'Ancienne Iberie, & quelquesfois encore à cette partie de l'Armenie, qui tombe sous le nom general de Georgie. La Zuirie respond à l'ancienne Albanie: celle-cy est la plus Orientale de toutes, & sur la Mer Caspienne; la Mingrelie la plus Occidentale, & sur la Mer Noire; le Gurgistan est entre les deux, & ne touche ny à l'vne, ny à l'autre Mer, si ce n'est à ce qui a esté de l'Armenie.

Les Villes de Phaze, ou Phazze, & Savatopoli sont les plus fameuses de la Mingrelie, & autresfois de la Colchide. Savatopoli ol. *Sebastopolis*, & encor auparavant *Dioscurias* avoit l'abord de trois cens Nations differentes, & de Langues differentes, qui descendoient du Septentrion, & se rencontroient icy pour le Commerce. Phazze ol. *Phasis* sur la Riviere de mesme nom, a esté la demeure de Æetes, chez qui estoit la Thoison d'Or, que les Argonautes enleverent; aprés avoir essuyé toutes les difficultés qui se presenterent pour les en empescher.

Ie croy que cette Thoison d'Or n'a esté autre chose, qu'vn Negoce de Laine, de Pelleteries, & de Fourrures; que tous les Peuples Septentrionaux apportoient à *Phasis*; & que Iason, & les Grecs, entre tous les Peuples de l'Europe, ont descouvert les premiers. Et parce qu'il y avoit vn grand profit, & beaucoup de hazards, & de dangers dans ces premieres Navigations, l'on a dit que cette Thoison estoit d'Or ; & qu'elle estoit gardée par des Taureaux furieux, par des hommes bien armés, & par vn Dragon horrible, & espouvantable. On peut adjoûter, que Iason avec la Thoison d'Or, ayant amené Medée, qui par aprés luy causa tant de desplaisirs dans sa Famille ; c'est que les Richesses ayant commencé d'introduire quelque Luxe parmy les Grecs, leurs Femmes en devindrent plus fascheuses.

Cori, & Bassachiuc sont les plus belles villes du Gurgistan : Teflis, & Derbent les plus belles de la partie d'Armenie, ou de Turcomanie, qui passe sous le nom de Georgie. Bassachiuc peut respondre à l'ancienne *Artanissa ;* Cori à *Harmastis*, ou *Armactica ;* Teflis à *Artaxata*, & Derbent, à *Caspiæ portæ :* Bassachiuc, & Cori encor quelques places du Gurgistan, ont leurs Princes, y en ayant plusieurs en toute la Georgie. Cori est la plus advancée vers la Mer, & Bassachiuc la plus engagée dans les Montagnes. Teflis, & Derbent sont entre les mains des Turcs, comme nous avons dit en Turcomanie.

La Zuirie s'estend depuis la Georgie particuliere, qui luy est à l'Occident, & au Midy, iusques au Mont Caucase, qui la ferme du costé du Septentrion, & à la Mer de Tabarestan, qui la baigne à l'Orient. Quelques Autheurs la divisent en deux, les autres en trois Provinces ; dont les Villes capitales sont Stranu, Zitrach, & Chipiche. Au lieu de Stranu autres mettent Zambanach, & au lieu de Zitrach, Gorgora : il peut estre que ces noms ne sont differents qu'à divers Peuples, bien qu'ils soient pour mesmes Places. En quelque sorte que ce soit Stranu, ou Zambanach respond à l'ancienne *Albana* Capitale d'Albanie ; Zitrach, ou Gorgora, respond à l'ancienne *Getara*, que le Texte Grec dans Ptolomée escrit *Gagara*. Et ces deux places sont sur la Mer, ont esté, & pourroit estre qu'elles sont encores riches, & marchandes. Chipiche est bien avant dans les Terres, & respond à l'Ancienne *Chabala*.

COMMANIE.

Au dessus de la Georgie est la Commanie, peu connuë des Anciens, encor moins aujourd'huy. Le Mont Cocas, ou Caucase la borne du costé du Midy, & la separe de la Georgie : la Riviere de Don, ou de Tana la borne du costé du Septentrion, & la separe de Moscovie ; la Mer Noire, ou Pont Euxin, & la Mer de Zabaque. ou de Tana la baignent vers l'Occident, & la separent de la petite Tartarie : la Mer Caspienne, ou de Tabarestan la baigne vers l'Orient, & luy donne communication avec la Perse, & auec la Tartarie.

Cette Region peut avoir trois cent lieuës de longueur, depuis le Destroit de Vospero, ou de Caffa, jusques à la Riviere de Volga; qui sont ses extremités vers l'Occident, & vers l'Orient; peut avoir cent lieuës de largeur du Midy au Septentrion. Les Peuples y passent tous souz le nom general de Circasses, que les Polonois appellent Pient Zeorstki. 1. Habitans des cinq Montagnes. Ils sont libres, ont quelques Chefs, ou Gouverneurs; vivent à peu prés comme les Suisses dans l'Europe, & se mettent à la solde, tantost des Turcs, qui les avoisinent sur la Mer Noire; tantost des Tartares, ou des Moscovites, qui leur sont au delà de la Mer de Zabaque, & de la Riviere de Don; & quelquesfois encor à la Solde du Persan, qui les avoisine sur la Mer Caspienne. Ils ont esté Chrestiens Grecs, avec force Superstitions: aujourd'huy faute d'enseignements quelques-vns se laissent emporter au Mahumetisme, d'autres à l'Idolatrie. Ils sont belliqueux, ne se soucient de fortifier leurs Places, se confiants en leurs Armes, & en la scituation de leurs Pays.

Mais les Peuples de ces quartiers ont esté bien plus fameux autresfois sous le nom des Amazones: car c'est icy leur vraye, & naturelle demeure, & d'où elles sont sorties, & fait des courses, en diverses parties de l'Europe, & de l'Asie. Elles ont dominé dans la Colchide, dans l'Albanie, dans la Cappadoce, dans l'Asie Mineure, dans la Cilicie, dans la Syrie, ont basty en divers endroits nombre de belles Villes, comme *Themiscyra* en Cappadoce, & sur le Pont Euxin; *Mirlea* en Bithynie, & sur la Propontide: *Pytane*, *Myrina*, & *Cuma* sur la coste de l'Eolide, encor *Ephese*, *Smirna*, & *Priene*, sur la coste de l'Ionie, (ces deux quartiers Eolide, & Ionie estants sur la Mer Ægée,) *Mitylene*, en l'Isle de Lesbos, *Paphos* en l'Isle de Cypre se sont fait connoistre, dans les Guerres, qu'elles ont soustenu contre Hercule prés de Themiscyre; contre Thesée, prés d'Athenes, où elles porterent la Guerre; contre les Grecs devant Troyes, où elles passerent en faveur d'Hector; contre les Perses, & autres Peuples en divers occasions. Quelques-vnes entr'elles ont eu leur demeure à Themiscyre, d'autre à Alope, qui s'est appellée du depuis Ephese, d'autres à Zeleie non loin de Troye, &c.

En fin les plus Anciens en ont dit tant de merveilles, que les derniers d'entr'eux ne les ont passé que pour Fables. Il est à croire que quelques Estats de ces quartiers estans tombés souz le Gouvernement de Femmes, leurs Maris estans decedés, & leurs Enfans estans Mineurs, ou pour quelque autre Raison; ces Femmes ont administré les affaires publiques avec tant de conduitte, & de generosité; & dans la Police, & dans la Guerre, qu'elle ont excellé au dessus de la pluspart des Hommes: d'où les Grecs à leur ordinaire ont pris occasion d'en dire, au delà & de la Verité, & de ce qui approche de la Verité.

L'ARABIE
PETRÉE, DESERTE,
ET HEVREVSE;
Par le S.r Sanson d'Abb. Geo. du R.
Avec privil. pour 20. ans.
1652.
Septentrion
Midy
Occident
Orient
M. MEDITERRANÉE
EMPIRE DES PERSES
HYAMAN ou Iamama
MER D'ARABIE.
Oman.
Mille Pas Geometriques
Lieues Commu. Françoises
Peyrounin sculp.

ARABIE.

L'Arabie, Arabiſtan aux Orientaux, eſt fort connuë & dans l'Antiquité, & encor à preſent. On la diviſe communément en trois parties : en Barraab, ou Arabie Petrée, qui eſt prés la Terre-Sainte; Beriara, ou Arabie Deſerte, prés de la Chaldée, & de l'Eufrate ; Hyaman, ou Gemen. i. Arabie Heureuſe, qui s'advance entre la Mer Rouge, qui la ſepare de l'Afrique, & le Golfe d'Ormus, qui la ſepare de la Perſe, juſques à la Mer Oceane & Indienne. Et cette derniere partie de l'Arabie eſt la plus grande, la plus riche, & la mieux habitée de toutes, & tient ſeule quatre ou cinq fois autant en continence, que les deux autres enſemble.

L'Arabie Petrée a eu les Villes de Petra, de Boſtra, de Medava, & autres. Petra eſt aujourd'huy Herat, ou Arac. i. Roche ; Boſtra, Buſeſereth ; Medava, Moab : Petra a tiré ſon nom de la Pierre, ou de la Roche, ſur laquelle elle eſt baſtie, avec vne aſſiette advantageuſe ; & l'a communiqué à ſa Province : Boſtra eſt le lieu de la naiſſance de Philippe, qui le premier des Empereurs Romains embraſſa le Chriſtianiſme, & qui le quatrieſme de ſon Empire celebra l'an millieſme de la fondation de Rome. Medava eſt expliquée par les Septantes Moab : cela eſtant, le nom ſera pris de Moab, fils de la fille aiſnée de Loth, d'où ſont ſortis les Moabites ; dont il eſt fait ſi ſouvent mention dans l'ancien Teſtament.

Outre ces trois Villes, il y en a eu encores d'autres : le Païs neantmoins eſt pour la plus grande partie Deſert ; & c'eſt le meſme où les Iſraëlites demeurerent quarante ans : là où eſtoient deſja les Moabites, les Amalecites, les Madianites, les Iduméens, & autres : c'eſt là où ſont les Monts de Sinaï, & d'Oreb ; celuy-cy vers l'Occident, & celuy-là vers l'Orient : mais Sinaï plus haut, & d'vn accés plus difficile. Les Iſraelites eſtans dans ces Deſerts, furent vne année entiere prés de cette Montagne, & pendant ce temps Moïſe receut la Loy du Decalogue, dédia le Tabernacle, ordonna vn Pontife, des Preſtres, des Levites ; eſtablit les Loix Eccleſiaſtiques, & Politiques. Aujourd'huy il y a vn Monaſtere de Sainte Catherine, baſty par Iuſtinian : & toutes ſortes de Pelerins y ſont receus par les Caloyers. i. Religieux Grecs, qui y demeurent. Oreb eſt contigu au Mont de Sinaï ; le Buiſſon ardant, dans lequel Dieu parut à Moïſe, eſtoit prés le Mont Oreb. La Pierre que Moïſe frappa pour avoir de l'Eau, eſtoit de cette Montagne ; & c'eſt encore deſſus cette Montagne, où Moïſe prioït Dieu pour les Iſraëlites contre les Amalecites.

Sur la Coſte de la Mer Rouge eſt Tor Chaſteau, Bourg, & Port aſſez fameux. On croit que les Iſraëlites, ayans paſſé la Mer Rouge, entrerent dans le Deſert par ce quartier : & c'eſt encor vn grand paſſage, & où les Caravannes s'arreſtent au retour de la Mecque : il y a prés d'icy de l'Alebastre parfaittement blanc, & dans la Mer du Corail.

L'Arabie Deserte, aux Hebreux Cedar, s'estend depuis la Sourie, & l'Arabie Petrée, jusques à la Chaldée auj. Hierack, & au Golfe de Perse, ou de Balsora, entre l'Eufrate, & les Montagnes de l'Arabie Heureuse. Elle est plus vnie que la Petrée, mais aussi elle a plus de Sables, & de Deserts; moins de lieux habités, ses Peuples estans presque tous Nomades : s'il y a quelques endroits fertils, ils sont vers l'Eufrate.

Il se rencontre deux Villes du nom d'Anna en cette Arabie; l'vne sur l'Eufrate, & l'autre sur la Riviere d'Astan, non loin du Golfe de Balsora : celle-cy est la moins fameuse; l'autre est la plus considerable de la Province, assise sur l'vne & l'autre Rive de l'Eufrate : mais la plus grande partie, & la plus riche est du costé de l'Arabie : on y compte en tout plus de quatre mille maisons, qui ont esté fort ruïnées dans les dernieres guerres d'entre les Turcs, & les Perses : la Ville comprenoit diverses Isles, sur l'vne desquelles est le Chasteau.

A Sukana Bourgade sur le grand chemin d'Anna à Alep, Texera dit, que les Femmes y sont belles comme des Anges; s'il eust adjoûté aussi Sages, & que son dire eust esté vray, tous les hommes eussent deû les venir chercher des quatre coins du Monde. Mexat Ali. i. Oratoire d'Ali a eu autresfois six ou sept mille Maisons; & ce lors que la Secte d'Ali a eu vogue en ces quartiers : il n'y en reste aujourd'huy que cinq cent d'habitées. Mexat Ocem. i. Oratoire d'Ocem n'est pas fermée, ne laisse d'avoir quatre mille maisons. Saba auj. Simiscasac, suivant l'opinion de Guillandin, est le lieu, d'où les trois Mages partirent, pour aller en Bethlehem adorer le Sauveur du Monde : & dit pour sa raison, que les Mages estans venus de l'Arabie, & du costé de l'Orient, cette Arabie deserte seule est à l'Orient de la Terre Sainte, & les deux autres Petrée & Heureuse, sont au Midy; où entre l'Orient & le Midy.

Cette Arabie Deserte, suivant quelques-vns, a divers Seigneurs qui y commandent, & qui la plupart sont Vassaux, ou Tributaires du Grand Turc, qui en tient aussi vne partie : mais comme ces Peuples sont plus enclins à la Secte Mahometane d'Ali, qui est celle des Perses, qu'à celle d'Omar, qui est celle des Turcs, aussi sont-ils plus affectionnés aux Perses qu'aux Turcs; & quelques-vns mesme de ces Seigneurs relevent des Perses.

Les autres donnent toute l'Arabie Deserte à vn seul Roy, & veulent que la Ville, ou plustost que la Cour de ce Prince ait vne scituation, & disposition merveilleuse; & que le Prince la puisse faire marcher toutes & quantesfois qu'il luy plaist : qui est tousjours là où il se trouve dequoy paistre pour leurs Chevaux, & pour leurs Chameaux : & disent que la place estant choisie, on dispose les quartiers, & les Ruës, suivant l'Ordinaire : & en mesme temps on dresse toutes les Tentes; celle du Prince au milieu, les autres aux environs, & toûjours d'vne mesme façon; ce qui a esté vers le Septentrion, vers le Midy, vers l'Orient & l'Occident, ne changeant point: Et les Quartiers, & les Ruës ayant leurs Noms, & leurs Tentes vn mesme suitte; de sorte que quiconque en a sceu l'ordre vne fois, il luy est facile de trouuer celuy, ou ceux à qui il a affaire. Cette Ville mouvante, ou cette Cour errante n'a pas seulement la Milice du Prince, qui est de plus de deux mille hommes; mais encore vn grand nombre de leurs Noblesses, de Marchands, d'Artisans, & divers Estrangers, qui suivent cette Cour.

L'Arabie Heureuse est vne grande presqu'Isle, qui s'allonge depuis les Montagnes, qui la separent des deux Arabies, jusques à l'Ocean; ayant trois, quatre, & quelquesfois cinq cent lieuës de longueur, & de largeur. Le Golfe de Barsora, & d'Ormus autresfois Sein Persique, la bagne à gauche; la Mer Rouge, ou Mer de la Mecque, autresfois Golfe Arabique, à droite; & l'Ocean Oriental, ou Indien, qui s'appelle icy Mer Arabicque, de front.

Les Anciens y ont connu vn grand nombre de Peuples, de Villes, & de Royaumes differents; & nous y trouvons la mesme chose aujourd'huy: les Turcs en possedent vne partie: les Persans vne autre, mais bien moindre que le Turc. Le Sultan, ou Xeque, ou Xerif de la Mecque vne autre; & divers Princes, Peuples, & quelques Republiques le reste.

Ses plus belles Villes vers la Mer Rouge, sont Medine, ou Medina-el-Nabi, ou Talnabi. i. cité du Prophete, & la Mecque: celle-cy lieu de la Naissance, celle-là lieu de la Sepulture de Mahomet. Medine n'a guere que cinq cent maisons: les Pelerinages, que les Mahometans font à ce Sepulchre, la mettent en reputation: la Mecque est à quatre grandes journées, ou à six journées communes (qui sont soixante lieuës) de Medine. La Ville est belle, remplie de six mille maisons, bien basties, à son Temple fort somptueux. La place n'est point fermée, si ce n'est de Montagnes: entre lesquelles il y a quatre passages, qui donnent les entrées, & les issues à la ville. Sur la fin de May, qui est le grand Iubilé des Mahometans, il se tient icy vne foire, où il se trouve souvent plus de cinquante mille hommes estrangers, & prés de cinquante mille Chameaux. Ziden sur la Mer Rouge, & au milieu de toute la coste d'Arabie, sert de Port à la Mecque; & ce Port a esté fermé, & fortifié depuis que les Portugais se sont fait connoistre, & se sont rendus puissans dans l'Orient.

La Mecque, & Medine, & bonne partie de l'Arabie Heureuse appartiennent à vn Xerif, qui descend de Hascem Bisayeul de Mahomet. & pour cette raison les Turcs, & les Persans luy deferent beaucoup, & le laissent libre dans ses Estats. Tant s'en faut qu'il paye aucun Tribut, ou aux vns ou aux autres; au contraire le Turc luy fait donner le tiers du revenu qu'il tire en Egypte; afin que les Pelerins, qui vont à la Mecque, soient protegés à l'encontre des Arabes Beduins, qui courent, & molestent fort tous ces quartiers. Et non seulement les Pelerins, mais aussi les Empereurs, Roys, & Monarques Mahometans luy font souvent de grands presens.

Zibit prés l'extremité de la Mer Rouge, est belle, bien bastie, riche, & d'vn grand negoce; en Drogues, Espiceries, Parfums. Elle a esté Capitale d'vn Royaume, donc le Turc s'est emparé il y a prés de six vingts ans; comme il fit en mesme temps d'Aden; en faisant pendre le Roy de celle-cy au Mast de son Navire, & couper la teste à l'autre. Aden est la plus belle, & la plus agreable Ville de toute l'Arabie: elle est fermée de murailles du costé de la Mer, & de Montagnes du costé de la Terre. Dessus ces Montagnes il y a plusieurs Chasteaux en tres-belle veuë, elle a bien six mille maisons, est assise au dehors de la Mer Rouge, & au commencement de la grande Mer; possede vn des principaux traffics des Indes Orientales avec l'Arabie, l'Afrique, & la Sourie.

Au dessus d'Aden, & plus avant en Terre-Ferme, sont plusieurs belles Villes, comme Laghi, Agiaz, Almacharane, Sanaa, & autres, sujettes au Xeque de la Mecque. Laghi est peu esloignée de la Mer, Ajaz, ou Hagias a quelquesfois communiqué son nom à ces quartiers. Almacharane occupe le sommet d'vne Montagne tres-haute, & de difficile accés: il y a vne Cisterne capable de fournir de l'Eau à cent mille personnes: & le Xeque y demeure le plus souvent. Sane, ou Sanaa occupe le dessus d'vne Montagne; & elle est vne des plus grandes, des plus belles, & des plus fortes de toute l'Arabie: contient quatre mille maisons avec force Vignes, Prés, & Iardins en dedans son contour: ses Maisons sont bien basties, ses Vignes, & ses Iardins bien cultivés: ses Murailles hautes de dix, ses Rempars espais de vingt coudées par haut. Son Territoire est arrousé de plusieurs Fontaines, produit d'excellens Fruicts, & nourrit les meilleurs Chevaux d'Arabie. L'Arabe de Nubie en fait estat de son temps, comme de la plus ancienne, de la plus grande, de la mieux peuplée, & de la plus temperée de toute l'Arabie.

A l'Orient, & à presque cent cinquante lieuës d'Aden est Fartach, Royaume, & Ville prés de la Mer, y ayant vn Cap de mesme nom. Les Fartaquins sont vaillans, & leur Roy se deffend courageusement contre les Turcs, ayant veu le traittement qu'ils ont fait à ceux d'Aden, & de Zibit ses voisins. Les Ports de Dolfar (celuy-cy est au Turc) & de Pescher sont les plus renommés de cette Coste, & fournissent le meilleur Encens de l'Arabie, & en plus grande quantité. Au dessus de la Coste, & bien avant en Terre, sont les Villes, & Royaumes, où comme ils disent les Soltanies de Gubelhaman, Alibinali, Amanzirifdin, & autres.

Le

Le reste de la Coste jusques au Cap de Raz-al-gate est fort sterile ; du Cap de Raz-al gate jusques à celuy de Monçandon, le Terroir y est vn des meilleurs de toute l'Arabie, & quelques-vns veulent icy renfermer le nom d'Hyaman. i. Heureuse. Il y a plusieurs belles Villes, & sur la Coste, & dans les Terres. Vn des principaux commerce entre l'Orient, & l'Arabie heureuse a esté autresfois à Sohar, à ce que dit l'Arabe de Nubie. Mais ce commerce a esté transporté du depuis à Ormus du costé de la Perse. De nostre temps il s'est remis du costé de l'Arabie à Mascate, que les Portugais tiennent. Sohar, & Mascate sont entre les Caps de Raz-al-gate, & de Moçandon, & ne sont éloignées l'vne de l'autre que de cinquante mille pas, ou vingt de nos lieuës, & non de quatre cent cinquante M P, comme dit cét Arabe. Dans les Terres sont Masfa Ville & Royaume, Mirabat, Sour ou Syr, & autres.

Au delà du Cap de Moçandon, & en advançant vers les emboucheures du Tigre, & de l'Eufrate ; entre plusieurs places nous avons Elcatif, ou el-Catif Port fameux ; & qui communique son nom au Golfe voisin, que les Anciens appelloient Sein, ou Golfe Persique ; & nous aujourd'huy Golfe de Balsera, & d'Ormus : ce dernier nom estant pris plus communément pour la partie de ce Golfe la plus advancée vers la grande Mer, au fond de laquelle est Ormus ; & le premier pour la partie la plus advancée dans la grande Terre, & aux emboucheures du Tigre, au fonds de laquelle est Balsera.

Prés d'Elcatif est Bahar, dont le quartier s'appelle Bahareim, ou Baharem ; & l'Isle, & la Ville au devant encore Baharem. Dans les Terres sont Mascalat Royaume, & Ville ; Iemen encore Royaume, & Ville, selon quelques-vns. Laçach ou Lassach encor R. & V. & où sont les meilleurs Chevaux d'Arabie, comme à Sanaa. Lassach, el-Catif, & quelques autres sont au Turc : el-Catif est l'ancienne *Gerra*, & le Golfe plus voisin de la Ville *Geraricus sinus*, & l'Isle de Barem est l'ancienne *Tylos*.

Il y a encore quelques villes dont les vnes ont leurs Roys, ou Sultans ; les autres vivent en Republique, ce qui est assez rare en Asie. Vers le milieu de l'Arabie sont les Arabes Bengebres, peuples libres, & qui ne vivent que du butin ; & du Tribut qu'ils emportent par force sur leurs voisins : & cependant ils occupent deux cent, ou deux cent cinquante lieuës de Pays, & sont le plus souvent dans les Montagnes. Les Beduins vers la Mecque sont de mesme nature.

Aux enuirons de l'Arabie il y a nombre d'Isles qui luy appartiennent. Canaran dans la Mer Rouge est la plus fertile de toutes. Curia, & Muria dans le grand Ocean ont des Tortuës blanches, dont les Escailles sont tres-belles. Entre toutes ces Isles, il n'y en a point de plus fameuse que Baharem ; à cause qu'il s'y pesche des Perles, des plus belles de l'Orient. Cette Isle est entre Balsera, & Ormus, environ à cent, ou six vingt lieuës de Balsera, & cent cinquante d'Ormus, est proche de la Coste d'Arabie, & vis à vis du Port d'el-Catif, qui appartient au Turc: mais l'Isle de Baharem qui est encor aux Perses, a esté du Royaume d'Ormus. Les Eaux de cette Isle sont presque toutes salées. Prés de Manama Ville Capitale de ces Isles, il y a des sources d'Eau douce, au fond de la Mer, que les Plongeurs vont prendre, la recueillent dans des Outres avec beaucoup d'adresse, l'apportent hors de la Mer, & la vendent par apres. Les Perles de cette Isle sont fort estimées, & pour leur grosseur, & pour leur rondeur: & cette Pesche vaut tous les ans cinq cent mille Ducats, outre la valeur de cent mille, & plus, qui est divertie: celles de l'Isle de Gionfa ne vallent guere moins: celles des autres Isles voisines sont moindres, si ce n'est encor à Mascate soixante lieuës d'Ormus. La Pesche se fait icy par tout en Iuin, Iuillet, & Aoust: si on commence plustost les Perles sont encor molles, & non assez dures.

L'air de toute l'Arabie, & des environs est assez sain, mais chaud; & ne pleut en quelques endroits qu'vne ou deux fois en trois ou quatre ans: d'ailleurs l'abondance des Rosées leur fait des Fruits excellents. Ce qu'ils communiquent le plus au dehors sont l'Encens, le Myrrhe, la Casse, la Manne, le Baume, puis leurs Chevaux, leurs Chameaux, & Forces Drogues; des Perles, & se pesche dans ses Mers des Cornalines plus fines qu'à Cambaye.

Comme le Pays est grand, la Temperature, & le Sol de ses differentes parties sont aussi differents: & comme il avoisine differents Peuples, & de differentes mœurs, il en est de mesme des Arabes, qui se peuvent neantmoins reduire en deux sortes. Les vns habitent dans les villes, les autres battent perpetuellement la Campagne. Ceux-cy menent avec eux leurs Familles, & tout ce qu'ils possedent; reposent sous leurs Tentes, ne s'arrestent, & ne campent que là où ils trouvent dequoy faire paistre leurs Bestiaux.

Les premiers s'exercent aux Manefactures, font toutes sortes de commerce, negocient au loin; & quelques-vns s'adonnent aux Lettres, particulierement à la Philosophie, à la Medecine, aux Mathematiques, à l'Astrologie: ont eu plusieurs Grammairiens, Rhetoriciens, Historiens, & Interpretes de l'Alcoran, qui est en leur Langue; ce qui a fait courir la Langue Arabesque par tout l'Orient: au moins dans toutes les parties plus Meridionales de l'Asie, & dans vne partie de l'Afrique; mais peu en Europe.

Ceux qui battent la Campagne sont Grands Coureurs, & Grands Voleurs: ils sont divisés en plusieurs Familles, qui s'entreconnoissent, & se sçavent aussi distinguer les vnes des autres. Chaque Famille, quelque nombreuse qu'elle soit, a vn Principal Xeque, ou Cheque (Chef) qui les conduit, & les commande; & vivent à peu prés comme faisoient les douze Tributs d'Israel dans les Deserts. Ils sont en bonne intelligence entr'eux ; leur principal dessein n'est que sur les Estrangers. Ils attaquent mesmes les Caravannes s'ils se sentent assés forts pour en estre les Maistres, ou pour en pouvoir tirer quelque chose : ont quelquesfois enlevé les Droits, & les Daces, qui se portent à Constantinople ; ont cela de bon qu'ils ne tuent presque point, si ce n'est à la force.

Leurs Chevaux communs sont petits, maigres, & mangent peu ; courageux neantmoins, bon coureurs, & de grand travail. Ils les sçavent si bien dresser qu'ils en font ce qu'ils veulent ; & eux mesme s'y rendent si adroits, qu'en courant dessus à toute bride, ils reprendront vne Fleche, qu'ils auront décochée de toute leur force ; en ramasseront vne autre qui sera contre terre ; tireront dans le rond d'vn quart d'Escu ; éviteront vne Flesche qui vient droit à eux : & ne manient pas moins bien la Fronde, soit en advançant, soit en reculant, soit en fuyant.

Ces advantages leur estans assés Familliers, avec ce que la pluspart du Pays, où ils demeurent, se trouve sec & sterile, font qu'ils se soucient peu de cultiver les Terres, quand mesme il s'en rencontreroit quelques-vnes de bonnes ; & les retient presque tousjours à Cheval, & sous les Armes ; avec lesquelles ils se sont monstrés capables de commander, & de donner la Loy à d'autres.

Mahomet n'est venu au Monde qu'environ l'An 570, & n'a commencé de publier, & de semer sa Doctrine que peu apres l'an 600. Doctrine entremeslée du Christianisme, du Iudaïsme, & du Paganisme ; afin d'y attirer les vns & les autres : & en establissant sa principale fin dans les Delices, & dans les plaisirs les plus charnels, & les plus sensuels, où les Peuples Orientaux sont fort enclins, avec ce qu'il a trouvé le moyen d'employer les armes pour l'establissement de cette Doctrine ; Ses Califes, ou Successeurs ont porté en peu de temps leur Domination, & leur Religion dans les meilleures parties de l'Asie, & de l'Afrique, & en quelques-vnes de l'Europe : & nonobstant les Schismes, les Guerres civiles, & les Massacres, que ces Califes ayent fait les vns envers les autres (car il s'en est trouvé souvent deux ou trois, & quelquesfois quatre, ou cinq en vn mesme temps, & qui ont estably leurs Sieges là où ils se trouvoient les plus forts ; comme à Damas en Phœnicie, à Bagdad, & à Cufa de la Chaldée, au Caire en Egypte, à Cairoan en Afrique, & ailleurs) ils n'ont laissé de faire de grandissimes progrez sous le nom de divers Peuples, que les vns ont appellé d'vne façon, les autres d'vne autre ; & plus communément Arabes, Sarrasins, Mores, Turcs, Tartares, & ce qui a beaucoup favorisé leur dessein est, qu'ils ont trouvé pour lors tous leurs voisins, & particulierement les Princes de la Chrestienté en des divisions aussi fortes que les leurs.

Entre ces Califes Vlid, ou VValid le 11, ou 12, & qui a regné peu aprés l'an 700, a esté vn des plus puissans Prince, qu'il y ait eu dans l'Vnivers. Son Empire s'est estendu depuis l'Ocean Occidental, sur lequel il tenoit presque toute l'Espagne en Europe, & les Royaumes de Fez, & Maroc en Afrique, jusques à la Riviere de l'Inde en Orient: ayant compris plus que tout ce qu'Alexandre le Grand a pû conquerir dans l'Orient, & encore presque tout ce que les Romains ont possedé dans l'Occident de nostre Continent.

Mais à la fin, Dieu a permis pour le bien de la Chrestienté, que ce grand Colosse, qui n'aspiroit pas moins que de commander à tout le reste du Monde, se soit divisé de soy-mesme, & mis en plusieurs pieces, qui ne sont encor que trop considerables; comme sont les Empires, ou Royaumes du Sultan des Turcs: du Sophy des Perses, du grand Seigneur des Mogoles, de divers Chans des Tartares, des Xerifs de Fez, & Maroc, encor du Xerif de la Mecque, &c.

Laissons déduire cette histoire à d'autres, & finissons nostre Arabie. Ses Peuples sont presque tous Mahometans: il y a quelques Chrestiens Grecs, vers les Monts de Sinaï, & d'Oreb, encor vers la Mer Rouge, & dans les Deserts de l'Arabie Petrée, & de l'Arabie Deserte: l'Arabie Heureuse en a le moins. Les Portugais neantmoins y tiennent Mascate, Calajate, & quelques places aux environs, où il y a des Catholiques.

Avant que de passer en Perse, disons vn mot touchant le nom de la Mer Rouge. Il ne peut estre pris, ny de ce que son Eau soit rouge; ny de ce qu'il y ait sur sa coste vne Fontaine d'Eau Rouge, ou qui fasse rougir la laine des Troupeaux qui en boivent; ny de ce que le Sable, ou que le Corail, qui est au fond, ou que la rougeur des Montagnes circonvoisines, ou que le Soleil se levant, ou estant sur leur Zenith, fassent paroistre la surface de cette Mer plus rouge que les autres. Toutes ces raisons sont fausses: & d'ailleurs les Anciens, & les plus Sçavants entendent sous le nom de Mer Rouge, & le Golfe, qui est entre l'Afrique, & l'Arabie, (qui est ce qu'on appelle plus communément Mer Rouge) & le Golfe, qui est entre l'Arabie, & la Perse; & la Mer qui bagne l'Arabie du costé du Midy: & non seulement toutes ces Mers aux environs de l'Arabie, mais encor l'Ocean Oriental, ou Indien, qui baigne, & l'Afrique & l'Asie; depuis le Cap de Bonne-Esperance jusques au delà du Gange; ce qui nous doit faire iuger que le nom de Mer Rouge vient plustost de ce que les Grecs ont appellé cette grande Mer Orientale, *Mare Erythræum*; le Roy Erythros y ayant dominé, & comme ils disent, estant enterré en l'vne de ses Isles: mais les Latins au lieu de retenir le nom d'*Erithræum*, ont donné celuy de *Rubrum*, qui signifie la mesme chose; & nous en avons fait de mesme: & comme eux restraint le nom de Mer Rouge au seul Golfe, qui est entre l'Afrique, & l'Arabie; cette partie de la Mer Rouge nous ayant esté connuë la premiere.

L'EMPIRE du SOPHY des PERSES.
Par le Sr. Sanson d'Abbeville Geographe du Roy.
Avec privilege pour 20 ans. 1652.
MER DE BACCU ou de SALA autref. MER CASPIENNE
EMPIRE DES TURQS
MER D'ARABIE et de L'INDE
Golfe de l'Inde
Septentrion
Midy
Occident
Orient
CHORASAN
SIGISTAN
AYRACK
YERACK AGEMI
CHUSISTAN
Mille Pas Geometriques
Farsonges des Perses
Æ Peyrounin sculp.

PERSE.

LE Royaume, ou Empire du Sophy des Perses est vn des plus fameux, & des plus grands de toute l'Asie : il s'estend depuis le Tigre, & l'Eufrate à l'Occident, jusques prés le Fl. de l'Inde, vers l'Orient; & depuis le Golfe de Perse, & la Mer Arabique, ou Indienne, qui luy sont au Midy, jusques à la R. de Gehon, & à la Mer Caspienne, auj. de Baccu, ou de Tabarestan, qui luy sont au Septentrion; contient de longueur environ 600 lieuës, & 500 de largeur.

Et neantmoins ce n'est plus qu'vne partie de l'ancien Empire des Perses : car les Assyriens ayans ordinairement tenu en Asie tout ce que le Turc, & ce que le Persan y possedent aujourd'huy; & cette Monarchie ayant commencé à Ninus, & duré sous trente & tant de Roys, treize ou quatorze cent ans, finit en Sardanapale; se divisa en celle des Medes, & des Babyloniens, qui la continuerent peu moins de trois cent ans, puis les Perses s'en rendirent les Maistres : & ceux-cy pendant encor deux cent & tant d'ans qu'ils regnerent, ils reünirent bonne partie de ce que les Medes, & que les Babyloniens avoient possedé.

Mais comme ils voulurent passer dans l'Europe, & s'emparer de la Grece; les Macedoniens, & les Grecs se liguerent ensemble, nommérent Alexandre Roy de Macedoine pour leur Chef, descendirent dans l'Asie, deffirent à plusieurs & diverses fois Darius; ruïnerent l'Empire des Perses, & donnerent commencement à celuy des Macedoniens.

Alexandre le Grand ne teint cét Empire que peu d'années, & mourant, il fut divisé aussitost entre les mains de plusieurs de ses Chefs; qui prirent en fin tiltre de Roys, & s'entrefirent la guerre; jusques à ce que les Romains prirent la partie plus Occidentale, & les Parthes la plus Orientale de cette Monarchie. Ces Parthes s'emanciperent de la Domination des Macedoniens 250 ans avant la naissance de Iesus-Christ, & ont regné prés de 500 ans. Artaxerxes y remit les Perses en 228, aprés I. C. né. Les Califes de Bagded s'en rendirent Maistres environ l'an 650, les Tartares en 1257, ou 58, les Turcomans en 1478 : Xa, ou Xeque Ismaël Sophy y a restably les Perses peu aprés l'an 1500 : & bien que l'Estat ne tienne que la partie plus Orientale de l'ancien Empire des Perses, il ne laisse d'estre fort grand, & fort puissant.

Et nous y trouuons aujourd'huy ce que les anciens ont connu souz les noms de Medie, Hyrcanie, Margiane, Assyrie en partie, Parthie, Arie, Paropamise, Chaldée, ou Babylonie en partie, Susiane, Perse, Caramanie, Drangiane, Arachosie, & Gedrosie, avec partie de quelques autres. Toutes ces Regions prises separément estans grandes, belles, riches, & fort peuplées.

A present les noms de ces Provinces sont fort differents des anciens : Nous appellons Servan, Gilan, Dilemon, Tabarestan, Gorgian, & Khoemus, celles qui sont vers la Mer de Baccu, ou de Sala, qui s'appelle aussi de Tabarestan ; & cecy fait la partie plus Septentrionale de l'Estat des Perses. Le Churdistan, l'Ayrack, ou Yerack Agemi, & le Chorasan font le milieu : L'Yerack, le Chusistan, le Fars, le Khermon, le Sablestan, le Sigistan, le Candahar, & le Mackeran, sont vers le Midy, & la pluspart baignés des Golfes de Balsera, & d'Ormus ; puis de l'Ocean, ou de la Mer d'Arabie, & de l'Inde.

Le Servan, ou Xervan, le Gilan avec vne partie de l'Yerack Agemi, & le Dilemon respondent à l'ancienne Medie ; laquelle ayant esté divisée en trois parties ; Antropatene, Tropatene, & Choromithrene, le Servan respond à la premiere, le Gilan à la seconde, & le reste à la derniere. Le Tabarestan, & le Gorgian respondent à l'Hyrcanie ; le Khoemus en partie, & partie du Chorasan à la Margiane ; le Churdistan, & partie de l'Yerack Agemi font la partie plus Orientale de l'ancienne Assyrie (le reste de cette Assyrie est au Turc) le Khoemus en partie, & partie du Chorasan respondent à l'ancienne Parthie : le reste du Chorasan à l'ancienne Arie, & Paropanise : l'Hyerack est l'ancienne Chaldée, on Babylonie, le Chusistan l'ancienne Susiane, le Fars l'ancienne Perse, le Khermon, & le Sablestan l'ancienne Caramanie ; qui estant divisée en deux, en Caramanie, & en Caramanie Deserte ; le Sablestan respond à celle-cy, le Khermon à celle-là ; le Sigistan, le Candahar, & le Mackeran respondent à la Drangiane, à l'Arachosie. & à la Gedrosie des anciens.

Ie ne veux pas dire que toutes ces Regions respondent les vnes aux autres si precisément, qu'il n'y ait rien à redire ; mais seulement qu'elles se correspondent en leurs plus grandes parties.

Le Servan a pour principales villes Tauris, Sammachi, Servan, Ardevil, Bacu, & autres. Tauris avoit deux cent mille ames, auparavant que les Turcs, & que les Perses l'eussent pris, & repris à diverses fois. Selim la prit la premiere fois en 1514. Solyman en 1536. Amurath en 1578, & 1585. & à chaque fois elle retournoit entre les mains des Perses. Cha Abas la reprit sur les Turcs en 1603, & les Persans s'y sont maintenus du depuis. Sammachi a esté quelquesfois la Capitale du Servan ; & Servan de mesme, puis qu'elle a communiqué son nom à la Province. Ardevil estoit la Seigneurie, & le lieu de la naissance de Xeque Aidar, pere d'Ismaël Sophy, qui a remis cét Empire entre les mains des Perses, peu aprés l'an 1500 : il y a plusieurs Tombeaux des derniers Roys de Perse. Bacu est de si grand Negoce, que la Mer Caspienne en tire quelquesfois son nom. Prés de la ville il y a souz terre vne source d'Huyle noire, dont ils se servent à brusler par toute la Perse.

La Province de Gilan, ou de Gueylon, comprend cinq Gouvernemens, dont les Villes Capitales sont Raxt, Gazhar, Layon, Langarkanon, & Kudain : outre lesquelles il y a encor trente, & tant de Villes belles & riches. Mazandaran, que quelques-vns destachent, & que les autres joignent avec le Gilan, a dans son Gouvernement 25 Villes, & dans la ville de Mazandaran cinquante mille ames. Tous ces quartiers voulurent se revolter en 1594. Xa Abbas les rengea bien tost à leur devoir, & les chastia.

Le Dilemon a sa ville Capitale de mesme nom; puis Govvar, & Thalekan. Dans les positions que ceux du Païs nous donnent de ces Places, Allamoed semble respondre à Dilemon.

Le Tabarestan est à l'Orient de Gilan, & de Mazandaran : elle a plus de soixante lieuës d'estenduë sur la Coste de la Mer Caspienne, qui s'appelle souvent de Tabarestan du nom de cette Province : elle s'advance cent lieuës dans les Terres, comprend dans son Territoire douze belles Villes; dont Asterabat, ou Starabat, qui a quelque chose de commun avec le nom de la Province, est la principale; puis Amoul, Zariach, & autres : le Païs fournit quantité de Soyes.

Le Gorgian ne touche point à la Mer, sa principale ville est de mesme nom; puis Obscoen, Damegan, & Semnan. Gorgian respond à l'ancienne *Hircania Metropolis*.

Le Khoemus est à l'Orient du Tabarestan, & du Gorgian : sa principale ville est Bestan, puis Beyad, Zabzavvar, & Thoüs bien avant dans les Terres; Feravva, Masinon, & autres vers la Mer, & les embouchures du Fleuve Gehun. De Thoüs estoit Nassir Eddin excellent Mathematicien, qui chassa Mustalzin du Califat de Babylone, parce que Mustalzin luy avoit demandé où estoient ses Cornes : tant il est dangereux de se mocquer d'vn homme qui a de l'esprit & du cœur.

Le Churdistan est au Midy du Servan, & à l'Orient du Diarbeck, qui est en Turquie : on le divise en trois Parties, ou Provinces; dont Salmas sera Capitale de la premiere, Maraga de la seconde, & Cormaba de la troisiesme : outre lesquelles il y a vn grand nombre d'autres belles villes, comme Nahziovan, Choy, Guienche, &c. Salmas est prés le Lac Salé de Kannudhan, qui ne donne du Poisson qu'en certain temps de l'année. La ville a dans sa Iurisdiction quinze autres villes, belles & fortes : il ne laisse d'y avoir des Peuples à la campagne, qui viuent souz leurs Tentes. Maraga est à trois, ou quatre iournées de Tauris, & à cinq ou six de Salmas. Prés de Maraga, les Persans furent deffaits par les Sarrasins, environ l'an 650, & leur Monarchie tomba entre les mains des Califes. Cormaba est à l'Orient du Tigre, & non loin de Bagdad, & de Mosul. Ses Habitans sont estimés les vrays Curdes, qui ne valent pas moins que les Arabes à courir, & ne rien perdre de ce qu'ils peuvent prendre.

Prés de Choy sont les Campagnes Calderonnes (de Chelder) renommées pour la Bataille d'entre Selim Empereur des Turcs, &

Ismaël Sophy des Perses, là où celuy-cy, qui avoit esté jusques alors presque tousjours vainqueur, fut deffait, & perdit vne grande Bataille; & en suitte Tauris, où estoient sa femme Tallucanun, & ses Thresors; mais comme il preparoit d'autres forces, le Turc se retira à Amasie. A Guienche autresfois Ville & Royaume, qui comprenoit encor sept, ou huit belles Villes, le Can Caidogli a fait eslever vne des plus belles, & des plus fortes Tours, qu'il y ait en Perse; & y employa avec la Pierre, les Testes de cinquante mille Turcs, qu'il avoit deffait en ces quartiers, & qu'il fit piler avec le mortier.

Ayrack, ou Hierack Agemi est la plus belle, & la plus riche Province de l'Estat des Perses. Les Sophis y font leur residence depuis quelque temps; autres fois à Casbin, à present à Hispahan, qui sont deux grandes villes. Com, Cassian, Hamadan, Yesd, Soltan, Hrey, & nombre d'autres, sont encor fort belles. Prés de Hrey il se recueille de la Manne fort pure, & tres-excellente. Soltan a quantité de belles Fontaines, & tire son nom des Soltans, qui y ont quelquesfois residé. Yesd fait des tapis les plus beaux, & les plus riches du monde: prés de cette Ville, & sur la Montagne Albors, il y a encor des Adorateurs du Feu, qu'ils entretiennent depuis plus de trois mille ans. Dans Hamadan Benjamin Iuif de Tudele dit, qu'il y avoit de son temps cinquante mille Israëlites. i. Iuifs: & que l'on y croyoit estre le Sepulchre d'Esther, & de Mardochée: mais cét Autheur est vn des plus insignes imposteurs, qu'il y ait iamais eu. Hamadan a porté tiltre de Royaume, & qui avoit quinze Cités souz soy. Cassian a force Manufactures de Soyes, & de Cotton; a tiré à soy le commerce qui estoit à Com, & ne souffre aucuns faineans, & mendians. Com a esté grande comme Constantinople; Tamerlan l'ayant ruïnée, elle n'a pû se remettre du depuis. Ses Habitans s'adonnent au Labeur, au Vignoble, & à leurs Iardins. Son Pont est de Pierre, & des plus beaux qu'il y ait en Perse.

Casbin a esté la demeure de Xa Thamas, quand le Turc eut pris Tauris: quelques-vns l'estiment l'ancienne *Arsacia*, les autres *Ecbatana*: elle n'est pas bien bastie, mais grande, & remplie de cent mille ames. On y remarque vn tres-beau Palais, plusieurs Bazars, & l'Atmaiden. Les Bazars sont places, ou grandes Ruës, où il n'y a qu'vne sorte de Marchands: l'Atmaiden, ou le grand Marché a vne demy lieuë Françoise de circuit.

Hispahan est superbement bastie, & à present le sejour ordinaire de l'Empereur, ou du Sophy des Perses; qui y ont fait bastir plusieurs, & divers Palais; si superbes, & leurs Iardins si delicieux, & si magnifiques, qu'à peine l'industrie de l'homme, voire la pensée seulement se peut-elle imaginer rien de plus beau. La grande place de la ville est devant le Palais, où le Sophy demeure ordinairement. Les Fruicts d'alentour sont les meilleurs du monde: les Vins ne cedent

cedent en rien à ceux des Canaries: leurs Chevaux, & leurs Mulets sont beaux, excellents; leurs Chameaux si forts, qu'ils portent presque deux fois autant que ceux d'ailleurs. Il y a si grand nombre de Soyes, qu'vne bonne partie de l'Orient s'y en fournit: la Ville a eu autresfois cinq cens mille ames de ses habitans: depuis certaine revolte, où ils furent severement chastiés par le commandement du Prince, elle n'en a plus que cent mille: mais il y a tousjours vn tres-grand nombre de toutes sortes d'Estrangers. Ils ont permis dans la ville quelques Monasteres de Chrestiens, comme de Carmes, d'Augustins, Capucins, & peut-estre encore d'autres.

Le Chorazan est la plus grande Province de toute la Perse, quelques-vns la divisent en Cohazan, Chorazan, & Chovvarazan, que d'autres estiment vne mesme. Elle s'advance d'Occident en Orient, depuis l'Yerack Agemi, jusques à l'Estat du Mogol dessus l'Inde; & du Midy au Septentrion, depuis les Montagnes de Coibocaran, jusques au Fl. Gehun. Ceux qui la divisent en trois parties font le Cohazan la plus Occidentale, le Chovvarazan la plus Orientale, & mettent le Chorazan au milieu.

Il y a par tout vn grand nombre de belles Villes, Kahen, ou Kayen fournit force Saffran. Thun des Manufactures de Soye. Meschad, ou Mexat capitale du Chorazan, monstre le Tombeau de plusieurs Roys de Perse. Iean de Perse dit, que ce Tombeau est vne Tour d'Or massif, haute de picque & demie; & que la voûte de ce Mausolée est couverte de toute sorte de Pierreries; au dessus desquelles est vn Diamant gros comme vne Chastaigne; & que de nuit, & lors qu'il fait obscur, il éclaire jusques à vne lieuë à l'entour: & asseure de l'avoir veu, encor aurons nous peine de le croire. La ville a six lieuës de circuit, & environ cent mille Ames. Son Territoire est fertil, ses Habitans bien faits, robustes & agguerris.

Herac, ou Harat est aussi appellée Sargultzar, I. Ville des Roses, elle en a en si grande quantité, qu'il n'y a ville au monde, qui en ayt tant. Elle donne encore de la Rheubarbe, des Vins, qui se gardent fort long-temps: & tant de Soyes, qu'il s'en charge quelquesfois trois ou quatre mille Chameaux en vn jour. Nichabour est si prés de Khoemus, que quelques-vns estiment qu'elle y appartient; d'autres en font vne Prouince particuliere: & la ville a esté bien mieux peuplée, qu'elle n'est à present. Tamerlan y fit mourir, & aux environs quatre cens mille personnes en vn mesme jour.

Bouregian, ou Buregian est prés vn grand Lac de mesme nom. Ce Lac reçoit plusieurs Rivieres, & comme la Mer Caspienne, n'en renvoye pas vne seule à la Mer. Retournons aux parties plus Meridionales de la Perse: Nous ne dirons icy rien de l'Yerack, puis que le Turc le tient encore à present.

Le Chusistan respond à l'ancienne Susiane. Le Terroir y est si fertil, qu'il rend souvent cent, & quelquesfois deux cent pour vn. Ses villes sont, Souster, Havvecz, Asker-Moukeran, Ionsabour, & autres. Souster est l'ancienne Suse, où Assuerus tenoit sa Cour, lors qu'Ester fut le saluer, & qu'elle luy demanda grace en faveur des Iuifs: & là où Mardochée fut mis en la place, & en la charge d'Aman; & Aman pendu, là où il vouloit faire pendre Mardochée. Elle est sur le Fleuve Tiripari, ou Tiritiri, qu'ils appellent encore Zeymare ol. *Eleus*, ou *Choaspes*, dont l'eau est estimée si excellente, que les anciens Roys de Perse n'en beuvoient point d'autre. On tient que l'ancien Palais y avoit esté basty par Memnon, des despoüilles de la Grande Thebes en Egypte: & ce avec telle despense, & somptuosité, que les Pierres y estoient liées auec de l'Or. La Ville a eu 25 M P de circuit.

Havvecz est appellée par l'Arabe de Nubie Ahüaz, & mise la premiere d'entre les Villes du Chusistan, qu'il appelle Churestan. Il met en suitte Askar Mocran als. Askar Moukeran sur la Riviere de Meserkan, là où il y auoit vn Pont supporté d'vne vingtaine de Batteaux. Tostar auec vne Riviere de mesme nom, qu'il place entre Havvecz & Giondi Sabur, que les autres appellent Siapour, & Ionsabour. Puis il met Sus, & nombre d'autres.

Fars, ou Farc, autresfois Perse, auj. Province particuliere de l'Estat des Perses, & qui a communiqué son nom dés y a long-temps à tout le reste. Le Bendimir, qui est la plus forte Riviere de cette coste, le traverse, & y a nombre de belles Villes, Riches, & grandes. On donne à Schiraz 20 M P de circuit, & quelquesfois les Sophis y ont fait leur residence. Les Dames y sont si belles, & si agreables, que Mahomet passant en ces quartiers, ne voulut entrer en cette ville, crainte de s'y perdre dans les delices. Le Terroir y est tres bon, & se recueille du Mastic dans les Forests. Les Armes qui s'y font, sont fort excellentes. Astacker a esté la plus grande de ces quartiers, encore du temps de l'Arabe de Nubie. Les ruines de son Chasteau Chilminare, i. quarante Colonnes, font voir le reste de l'ancien Palais qu'Alexandre le Grand brusla, à la suscitation de la Courtisane Thais. Lar, ou Laar a esté Chef de Royaume, & donne le nom aux Larins, pieces de tres-bon Argent, qui s'y forgent. Prés de Stahabanon le Mommaky-Kony, i. Momie precieuse se tire d'vn Rocher: mais il ne se recueille que pour le Sophy, qui le conserue soigneusement. C'est vn contrepoison tres-asseuré, & vn Medicament tres-excellent contre les Couppeures, Ruptures, mesme en dedans le corps. Le Bezoar vient en ce quartier.

Chabonkara, Darabegerd, & Baesd sont sur les confins de Fars, & de Kerman. Quelques-vns les estiment sous la Province de Fars, d'autres sous celle de Kherman; d'autres encore en font vne Province particuliere, qui tire son nom de la premiere; & qui apparemment eſt la plus grande, & la plus belle. Darabegerd, comme je crois, eſt la Valaſegerd de l'Arabe, & l'ancienne *Paſagarda*, là où demeuroit quelquesfois, & là où eſtoit le Tombeau de Cyrus, qui avoit deſfait prés d'icy Aſtyages dernier Roy des Medes.

Le Kherman ol. Caramanie eſt vne des plus grandes, non pas vne des meilleures Provinces de l'Eſtat des Perſes: Elle ne laiſſe de fournir diverſes denrées, dont il ſe fait eſtat; comme de leur Acier, de leurs Turquoiſes, de leur Eau, ou Sueur de Roſes, car ils la diſtillent; de leur Tutie, de leur Borbatane; Herbe, ou Mort-aux Vers, dont il ſe fait la confection de Kermes, & de la graine ſe fait le Kermeſi, ou Cramoiſy; de leur Sarmach Pierre noire, & luiſante, qui ſert au mal des yeux, & les peint en noir: de leurs Tapis qui ſont les meilleurs de la Perſe aprés ceux d'Yeſed (ceux du Chorasan tiennent le troiſieſme rang) de leurs Armes, que les Turcs recherchent à quelque prix que ce ſoit: leurs Cimeterres coupperont vn caſque ſans le chamailler.

Entre ſes Villes qui ſont en grand nombre, Kherman qui eſt la Capitale, & qui communique ſon nom à la Province, fait vn grand nombre de Toiles d'Or, & d'Argent. Zirgian, ou Sirgian, Nahyan, & autres ſont encore en quelque reputation: Mais ſur la coſte Ormus eſt fort en eſtime, puis Mocheſtan: la Ville d'Ormus, que les Portugais ont tenu quelque temps, eſt dans vne Iſle: celle qui eſt en terre, & qu'ils appellent Gerun, a touſjours eſté aux Perſes, ou à ſes Roys ſujets des Perſes. Mocheſtan eſt le ſejour plus ordinaire des Roys d'Ormus, parce qu'il y fait plus frais, & ſes Eaux ſont excellentes à boire, & le Terroir a force grains, & des Fruits; ce qui ne ſe trouve point dans l'Iſle Guadel, & Patanis ſont les plus fameux Ports de la coſte.

Sableſtan eſt enfermé de Montagnes entre le Chorazan, & le Khermon: reſpond à la Caramanie Deſerte. Il y a neantmoins pluſieurs villes, & lieux habités, entr'autres Zarans vers le Khermon, Boſt, Nebeſaet, & Giſna Caſſabi vers le Chorazan. Quelques-vns y mettent Balaſan, d'où viennent les Rubis Balais.

Le Sigiſtan que l'Arabe appelle Sageſtan, le Circan, & le Makran ſont les Provinces les plus Orientales de la Perſe, & les plus proches de l'emboucheure de l'Inde. Siſtan, ou Sigiſtan, eſt capitale de ſon quartier, Makeran d'vn autre: & celuy-cy eſt ſur la Mer. Paſir ſemble tenir ſon ancien nom *Parſis*. La Riv. d'Ilment arrouſe toutes ces Prouinces, & tombe dans l'Ocean Indien, non loin du Golfe de l'Inde.

Tel eſt l'Eſtat du Sophy des Perſes à preſent, & nous devons remarquer que ſes principaux voiſins ſont les Turcs à l'Occident, les Tartares au Septentrion, les Mogoles à l'Orient, & les Portugais ſur le Golfe d'Ormus au Midy. Ces derniers ne ſont point pour luy enlever vne grande piece, leur dessein n'estant que de maintenir leur commerce dans les Indes : mais ils ne laissent de le trauailler sur Mer: & luy ont pris, & repris Ormus à diverses fois. Les Mogoles, les Tartares, & les Turcs luy sont des fascheux voisins, & souvent Ennemis ; parce qu'ils sont puissans, & capables de luy enlever des Prouinces entieres, qu'il recouvre plustost par adresse qu'autrement : car il faut confesser que les Perses sont plus adroits dans les Armes, que tous leurs voisins, excepté les Portugais : aussi sont-ils estimés plus courtois aux Estrangers, plus civils en leur conversation, & plus exacts dans leur Police, & leur Gouvernement que ne sont tous les Mahometans.

Et si nous voulons conferer les Mœurs des Turcs avec celles des Perses, nous y trouverons vne grande difference, & souvent beaucoup de contrarieté. Les Perses sont courtois aux Estrangers, les Turcs les mesprisent ; les Perses font estat des Estudes, les Turcs les negligent ; les Sophis des Perses tiennent en grand honneur leurs Freres, & Parens, les Sultans des Turcs les font mourir le plus souvent. Les Perses ont entr'eux quantité de Noblesse, les Turcs n'en connoissent point d'autre que les Officiers, qui leur sont enuoyez de la Porte. Les Perses valent mieux dans la Cavallerie, les Turcs dans l'Infanterie : les vns, & les autres sont Mahometans, mais qui expliquent leur Alcoran si diversement, que cela seul est capable de les porter à la guerre, jusques à la ruine de l'vn, ou l'autre Empire, s'ils pouvoient ; & semble que la disposition de l'vn, & de l'autre Estat estant fort differente, cause leurs mœurs differentes, & leur fait prendre des Maximes toutes differentes.

L'Empire des Turcs est divisé en plusieurs parties, entrecoupées de diverses Mers, qui s'entresuivent ; & de grandes Rivieres navigeables ; comme le Danube en Europe, le Nil en Afrique, & l'Eufrate en Asie ; ce qui luy donne de grandes commodités, & pour le negoce, & pour le transport de ses troupes : là où l'Empire de Perse consistant en vne masse entiere & solide, remply de Montagnes au milieu du Pays ; ses Riuieres peu nauigeables, & qui s'eloignent les vnes des autres, & tombent en diuerses Mers qui n'ont point de communication entr'elles ; le Trafic n'y peut estre commode qu'au dehors : & s'il est besoin de transporter quelques troupes d'vn costé à l'autre, cela ne se peut qu'auec beaucoup de temps, & de fatigues : & c'est pour ce sujet que les Perses ne se seruent ordinairement que de Cavallerie ; & que les Turcs s'adonnent plus à l'Infanterie qu'à la Cavallerie. Les Perses peuvent mettre cent mille Chevaux sur pied, & en vn besoin ; n'en ont le plus souvent que trente, quarante, ou cinquante mille ; & entretiennent peu d'Infanterie, & la plus part Estrangere.

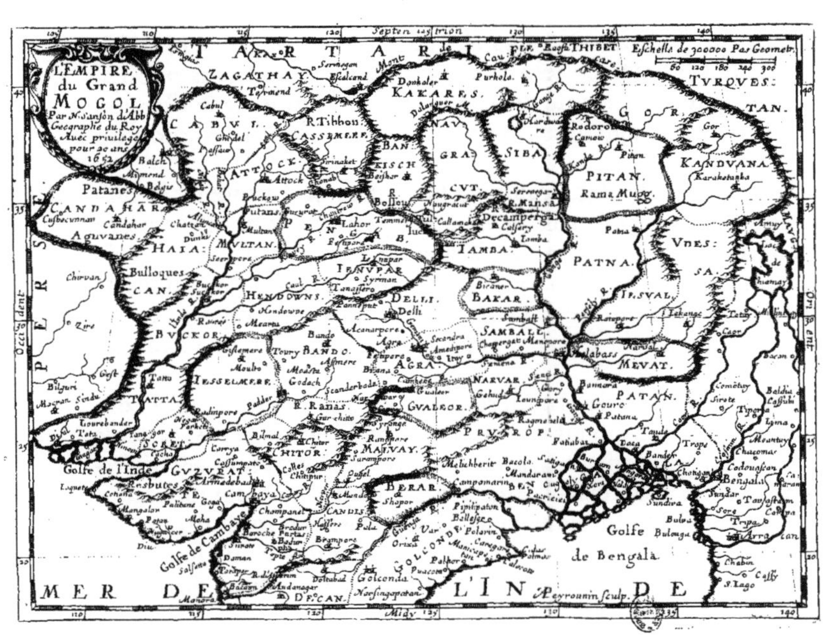

L'EMPIRE du Grand MOGOL
Par N. Sanson d'Abb Geographe du Roy
Auec priuilege pour 20 ans
1652
Eschelle de 300000 Pas Geometr.
Septen trion
Occi dent
Ori ent
Midy
TARTARIE
ZAGATHAY
THIBET
TVRQVES TAN
KAKARES
CABVL
CASSEMERE
CANDAHAR
PERSE
Patanes
Aguvanes
HAIA
MVLTAN
PENGAB
Bulloques
CAN
Lahor
Attock
Cabul
Candahar
HENDOWNS
DELLI
Delli
IENVPAR
BVCKOR
IESSELMERE
BANDO
AGRA
Agra
TATTA
R. Ranas
GVALEOR
NARVAR
SAMBAL
TAMBA
PATNA
PITAN
KANDVANA
MEVAT
PATAN
Gouro
PRVROP
MALVAY
CHITOR
GVZVRAT
Cambaya
Golfe de l'Inde
Golfe de Cambaye
BERAR
CANDIS
GOLCONDE
Golconda
DECAN
Golfe de Bengala
Bengala
MER DE L'INDE
Aeyrounin sculp.

L'INDE, OV LES INDES ORIENTALES.

L'Inde, dont nous traittons à present, est celle que les Anciens ont connu souz le nom d'Inde, ou des Indes; & que les Modernes appellent Inde de l'Asie, & Indes Orientales; parce qu'ils appellent aussi l'Amerique, bien qu'improprement, Indes Occidentales; celles-cy estant à l'Occident, celle-là à l'Orient de nostre Meridien. Mais sous le nom des Indes Orientales divers Autheurs comprennent toute la partie plus Orientale de l'Asie, c'est à dire, tout ce qui est dessus, & au delà du Fleuve de l'Inde, d'où le Païs tire son nom: & ainsi la Chine, & les Isles de l'Asie, qui sont dans l'Ocean Oriental, passeroient sous le nom de ces Indes.

Laissans, & la Chine, & les Isles de l'Asie à part, nous terminerons nostre Inde Asiatique par la Perse, vers l'Occident; par la Chine, vers l'Orient; par la Tartarie, vers le Septentrion; & par la Mer Indienne, vers le Midy; & ce sera la mesme, que les Anciens ont appellé Inde; & qu'ils ont divisé en Inde deçà, & Inde de là le Gange: & que les Orientaux appellent aujourd'huy Indostan. i. Region de l'Inde.

Nous la pouvons diviser à cause de sa forme, & à cause de la disposition de ses Estats, en trois principales parties: dont la premiere comprendra ce qui est dans la Gr. Terre, le reste sera en deux presqu'Isles, dont la plus Occidentale, & entre les bouches de l'Inde, & du Gange, s'appellera presqu'Isle de l'Inde deçà le Gange, la plus Orientale, & au delà du Gange, s'appellera presqu'Isle de l'Inde au delà du Gange.

Nous estimerons dans la premiere partie ce que le Gr. Mogol possede aujourd'huy, & ce qui est engagé dans son Empire. Dans les deux presqu'Isles nous y aurons vn grand nombre de Royaumes, & Principautés; l'vne, & l'autre n'en ayans pas moins d'vne cinquantaine chacune; mais qui se reduisent petit à petit dans vn moindre nombre, les plus forts se rendans Maistres des plus foibles. Ainsi le Mogol s'est emparé de trente-cinq, ou quarante Royaumes; dont quelques-vns en avoient desja reüny plusieurs autres.

EMPIRE DV GRAND MOGOL.

Les trente-cinq, ou quarante Royaumes sous l'Empire du Mogol sont à l'Occident, & vers la Perse Cabul, Attock, Candahar, Hajacam, Multan, Buchor, Tatta, & Soret; tous dessus, & depuis la source jusques à l'embouchure de l'Inde. Au Nort, & entre les Montagnes, qui divisent cét Empire de la Tartarie Cassimere, ou Queximur, Bankish, Kaxares, & Naugracut sont entre les sources de l'Inde, & celles du Gange. Dessus, ou plustost deçà le Gange sont Siba, Iamba, Bakar, & Samball; & au delà Pita, Gor, Kanduana,

Patna, Vdessa, & Mevat. Les Royaumes plus Meridionaux sont Guzurate, ou Cambaye, Chitor, Malvvay, Candish, Berar, Gualoor, Narvar, & Bengala : au milieu sont Peng-ab, ou Lahor, Iengapar, ou Ienupar, les Hendovvns, Iesselmere, Bando, Delli, & Agra.

Vne partie de ces Royaumes ont leurs noms communs avec celuy de leurs Villes capitales, & tous sont riches ; puis que mesme estans separés les vns des autres, ils ont fait de beaux & puissans Estats.

Cabul est le plus advancé vers la Perse, & l'Vsbeck, ou Zagathay. Les sources du Nilab, & du Behat, qui tombant dans l'Inde, peut estre encor de l'Inde, sont en ce Royaume : la Ville est grande, avec deux Forteresses : & dans le grand chemin de Lahor à Samarcand en Vsbeck, & à Yarchan Capitale de Cascar : & d'où il se tire des Soyes, du Musc, de la Rheubarbe, qui viennent de la Chine & du Cathay.

Attock est sur l'Inde, dans le my-chemin, & à soixante & quinze lieuës de Lahor, & d'Agra : encor 75 lieuës de Sirinaket Capitale de Cassimere, & seulement cinquante de Multan. La Ville est belle, la Forteresse bonne ; & lors que les Roys de l'Inde finissoient leurs Estats entre Lahor, & Attock, elle estoit d'vne autre consideration, qu'elle ne peut estre à present.

Multan est riche à cause de la fertilité de son Terroir, & de son Negoce, que les Rivieres de l'Inde, du Behat, du Nilab, & du Ravvey qui descendent dans l'Inde, luy facilitent. La Ville est grande, ancienne, & seulement à deux ou trois lieuës de l'Inde, & à cent ou six vingts lieuës de Lahor vers l'Orient, de Candahar vers l'Occident, de Buchor vers le Midy, & de Cabul vers le Septentrion. Ses principales Denrées sont le Succre, la Galle, l'Opium, le souffre, ses Manufactures de Laines, de Soyes, &c.

Candahar est fort engagé dans la Perse. Buckor, & Tatta tiennent les plus basses parties de l'Inde : Buckor là où les Riuieres de Ravvey, & de Caul tombe dans l'Inde ; & entre Multan, & Tatta ; Tatta, ou Sinde entre Buckor & la Mer. Leurs Villes sont grandes, & Marchandes ; Lourebander, & Diul servent de Ports à Tatta : Lourebander là où l'Inde commence à se diviser en plusieurs branches, Diul sur la grande Mer. Au reste Diu, & Diul sont deux places differentes, & à cent cinquante lieuës l'vne de l'autre. Diu dans le Royaume de Guzurate, ou Cambaye appartient aux Portugais : Diul dans celuy de Tatta est au Gr. Mogol, qui y tient vn Gouverneur.

Soret entre les Royaumes de Tatta à l'Occident, de Guzurate vers l'Orient, de Iesselmere vers le Septentrion, & le Golfe de l'Inde vers le Midy, à pour Capitale Ianagar : la Province est de peu d'estenduë, mais fertile & riche.

Cassimere, ou Queximur, Bankish, Kakares, & Naugracut sont entre l'Inde, & le Gange ; toutes engagées dans les Montagnes de

Bimber vers l'Inde, de Naugracut vers le Gange, du Caucase vers la Tartarie; de Dalanguer, qui la traverse, & les separe les vnes des autres: & ce sont les Forests de ces Montagnes, qui donnerent tant de Bois, pour les Vaisseaux qu'Alexandre le Grand fit bastir, & descendre dans l'Inde: & ce sont encore aujourd'huy ces Forests, qui donnent si souvent le divertissement de la Chasse au grand Mogol. Sirinaket, ou Sirinakar, bien que sans Murailles, est la Capitale de Cassimere, Beshar de Bankisch, Dankaler, & Purhola de Cakares; & Naugracut de Naugracut. Dans cette derniere le Temple de l'Idole Matta est pavé, & lambrissé de lammes d'Or, & dans Callamacka il y a des Fontaines fort froides; & tout proches des Rochers, d'où il semble quelquesfois sortir des flammes de feu.

Hardvvare Capitale de Simba, Iamba de Iamba, Bikaner de Bakar, & Samball de Samball sont dessus, ou au deçà le Gange; depuis presque sa source iusques au Fleuve Semena, ou Gemini: & cette derniere Province s'appelle aussi Do-ab. i. Deux Eaux. Sa scituation estant entre le Gange, & le Semena. Au delà du Gange Gor, & Kanduana, dont la Capitale est Karakantaka, finissent l'Estat du Mogol, à l'encontre des Tartares du Turquestan. Vdessa, où est Ikanac, Mevat, où est Narval le finissant à l'encontre des Peuples Maug; & d'autres que nous estimerons dans nostre presqu'Isle de l'Inde, au delà du Gange: Pitan, & Patna, avec leurs Villes de mesme nom, sont le long du Gange; Pitan sur le Kanda, Patna sur le Persely, & Iesual dont la principale est Rajapore est au delà du Persely: mais nous avons vne bien foible, & incertaine connoissance de toutes ces Parties, ou Royaumes.

Ceux qui sont vers le Midy, & particulierement Guzurate, & Bengala sont mieux connus. Celuy de Guzurate, ou de Cambaye a plus de trente Villes grandes & Marchandes; portoit de revenu quinze, ou selon d'autres vingt millions d'Or par an; & ses Roys ont fait marcher à la Guerre cent cinquante mille Chevaux, cinq cent mille hommes de pied, mille Canons, &c. Aussi le Païs est-il estimé le plus fertil des Indes; ayant toute sorte de Grains, de Fruits, d'Animaux; force Drogues, Espiceries, Pierreries; n'a point de Mines d'Or, & d'Argent, mais trois Plantes qui luy en font venir vn nombre inestimable; tant du Golfe de Perse, & de la Mer-Rouge, comme de tous les costés des Indes, & de la Chine mesme. Ces Plantes sont le Cotton, l'Anil, & l'Opium: outre lesquelles il a encor mille commodités qui luy valent beaucoup: comme ses Huiles, Savons, Succres, Confitures, Drogues Medicinales; Papier, Cire, Miel, Beurre, ses Manufactures de Cotton, ses Thoiles, ses Tapis, ses Cabinets, Coffres, Casettes, & mille autres Gentillesses que ses Habitans sçavent bien faire & debiter, estans les plus habiles Marchands des Indes.

Aussi ont-ils l'esprit bon, s'adonnent aux Lettres, se servent de toutes sortes d'Armes; ne connoissent point de Noblesse, que par l'abondance des Biens; sont tous Payens, ou Mahumetans: Les Payens la pluspart Pythagoristes, & tiennent l'immortalité de l'Ame, & qu'elle passe d'vn corps à vn autre: c'est pourquoy ils portent tant d'honneur aux Animaux, qu'ils n'en mangent point: & entretiennent des Hospitaux pour y recevoir, & nourrir ceux qui sont malades, ou estropiés. Les Vaches particulierement leur sont tant en estime, qu'vn Marchand Banean (au rapport de Texera) despensa dix, ou douze mille Ducats aux Nopces qu'il fit, mariant sa Vache avec le Taureau d'vn sien amy.

Ce Royaume est partie en presqu'Isle, entre les Golfes de l'Inde, & de Cambaye; partie en terre Ferme, qui s'advance vers le Decan. Cambaye est au fond de son Golfe; Ville si fameuse, & marchande, que le Royaume en tire quelquesfois son nom. Diu à la pointe plus Meridionale de la presqu'Isle est aux Portugais, qui y font vn grand Negoce, & y gardent vne excellente Forteresse. Surate est frequentée des Anglois, & des Hollandois: Baroche a vne riche Mine d'Agathes: Amed Evvat, ou Amedebad est la Capitale du Royaume, & les Anglois la comparent à Londres.

Bengala occupe tout le bas du Gange, & se peut diviser en trois principales parties. Prurop deçà le Gange, Patan au delà: le nom particulier de Bengala occupera ce qui est entre les branches du Gange, & le long de la Coste. Ce Royaume a esté divisé en douze Provinces, qui auoient esté autant de Royaumes, & qui tiroient leurs noms de leurs Villes principales, mais nous n'avons pas certaine connoissance de leurs noms, & de leurs assiettes. Bengala mesme est mise par quelques-vns entre les branches du Gange, par d'autres au delà: d'autres encor estiment Chatigan la Capitale du Royaume; la pluspart veulent que ce soit Gouro sur le Gange, bien avant dans les Terres, & à plus de cent lieuës de la Mer. Quoy que c'en soit, Bengala est si marchande, & si riche; que le Royaume, & le Golfe du Gange sur lequel elle est, s'appellent aujourd'huy Royaume, & Golfe de Bengala. Les autres Villes sont Ragmehel, Dekaka, ou Daka, Banara, Tanda, Patane, & autres. Holobass, ou Halebass aux conflans du Gemini, & du Gange: est vne des plus grandes, & des plus belles villes de l'Inde, & je l'estime en la place de l'ancienne Palibothra, aux conflans de Iomanes, & du Gange.

Le Royaume de Bengala à trois cent lieuës d'Occident en Orient; cent, & quelquesfois deux cent du Midy au Septentrion, & sa coste n'a pas moins de cent cinquante lieuës. L'Air y est temperé, le Terroir tres-abondant: il donne vne si grande quantité de Riz, qu'il en pourroit fournir tous ses voisins: & en charge tous les ans vn grand nombre pour les Moluques, pour Sumatra, pour le Malabar,

pour

pour les Maldives, pour Goa. Il y a force Fruits, Succres, Espiceries, Confitures, Cotton, Soyes; tant de celles que filent les Vers, que de celle qui se tire d'Herbes: des Roseaux pliables, bien que massifs, & que la nature bigarre avec plaisir. Il y a toute sorte d'Animaux, la Venaison y est aussi commune que le Bœuf, & le Mouton par deçà. Les Habitans y sont courtois, mais trompeurs. Leurs Roys ont esté estimés les plus riches, & puissans de toutes ces Indes, aprés ceux de Cambaye, & de Narsingue.

Entre les Royaumes de Cambaye, & de Bengala sont ceux de Candis, Chitor, Malvvay, Berar, Gualeor, & Narvar. Breampore est la Capitale du Candis, & sur la Riviere de Tapte, qui descend dans le Golfe de Cambaye au dessous de Surate: la Ville est grande, mal bastie, & mal saine, & cette place a esté mal-heureuse à plusieurs enfans des Gr. Mogoles. Chan Morad, & Chan Daniel, l'vn & l'autre fils d'Ekebar, y sont morts pour leurs desbauches, & laisserent l'heritage à Xa Selim, qui avoit esté tousjours rebelle au Pere. Le Sultan Gonsrou fils de Selim y fut estranglé, par l'ordre de son frere le Sultan Ghorom, autrement Xa Ziaham, & quelque temps apres le Sultan Pervves y mourut encor, & laissa l'esperance de l'Estat à ce Xa Ziaham, qui fut long-temps rebelle contre son Pere. Dans la vieille ville de Mandovv sont les sepultures, & les restes du Palais de ses anciens Roys. La nouvelle ville est mieux bastie, mais plus petite.

Chitor avec sa Ville de mesme nom est tout engagé dans les Montagnes qui se rencontrent dans le chemin d'Amedebat, & de Cambaye à Agra. La Ville avoit cinq lieuës de circuit, auparavant que Ekebar l'eust pris sur le Raja Cana, & ruïné: elle n'a presque plus que les restes de cent & tant de Temples, & d'vn grand nombre d'Edifices, qui ont esté magnifiques & superbes. Le Chasteau estoit dans vn lieu si advantageux, & si fort, que les Roys de Delli ne le peurent jamais avoir: & le Sultan Alandin fut contraint d'en lever le siege, aprés avoir esté douze ans devant.

Malvvay a son Territoire fertile, & pour principale place Rantipore, les autres mettent Vgen, ou Ougel: sa meilleure Forteresse est Narvar, dont la Ville est prés la Source de la Riviere, & au pied des Montagnes de mesme nom; & qui continuent depuis le Royaume de Guzurate, jusques à celuy d'Agra, & de Narvar; & dans ces Montagnes restent quelques Princes qui n'obeïssent pas au Mogol.

Gualeor a vne des meilleures Forteresses de l'Estat, & qui sert de prison pour les plus Grands, comme celle de Rantipore en Malvvay, & de Rotas en Bengala. En 1550 le Zeer Chan Roy de Patane mourut à Gualeor; aprés avoir vaincu à diverses fois, & chassé Hamayon hors de toutes les Indes: mais ne laissant qu'vn mineur de douze ans, ses Estats se diviserent, Hamayon rentra dans les Indes par le moyen des Perses, & son fils Ekebar en suitte se rendit si puissant, qu'il ruïna les Roys de Patane, & presque tous les Roys de l'Inde, & s'empara de leurs Estats.

Gehud Capitale de Narvar est sur le Send, qui tombe dans le Gange; & touche apparemment aux Montagnes de Narvar.

Au milieu de tous les Estats du Mogol sont ceux de Peng-ab, ou Lahor, de Ienupar, des Hendovvns, de Iesselmere, de Bando, de Delli, & d'Agra. Iessellmere, Gislemere, ou Siermel avec sa ville de mesme nom, & les Hendovvns sont vers l'Inde. Ammer dans le Iesselmer est vn Chasteau, là où en 1548. Zimlebege femme d'Hamayon fuyant en Perse accoucha d'Ekebar, qui a remis les Mogoles, & rendu leur Estat si grand, & si puissant dans les Indes. Bando est entre les Villes de Gessemere, Delli, & Agra; à soixante & quinze, ou quatre-vingts lieuës des vnes & des autres. Outre sa Capitale de mesme nom, Asmere est fameuse pour le Sepulchre de Hoghe Mondée Mahumetan, que les Mogoles estiment Saint; & là où Ekebar fut à pied depuis Agra, afin d'obtenir vn Fils successeur de ses Estats: & dudepuis a fait marquer chaque lieuë d'vne belle Colonne de Pierre, & bastir plusieurs logemens sur le chemin, pour y recevoir les Passans, & leurs Pelerins.

Mais les Royaumes de Pang-ab ou Lahor, de Delli & d'Agra; & leurs Villes de mesme nom, sont beaucoup plus fameuses, parce que les Roys des Indes, & les Mogoles y ont fait leurs residences.

Lahor est la Capitale de Peng-ab. i. les cinq Eaux, le Païs estant arrousé de cinq differentes Rivieres: & je croy la Ville estre la mesme que l'*Alexandria Bucephalos*, qu'Alexandre le Grand bastit, & nomma de son nom, & de celuy de son Cheval Bucephale. Les Anciens la mettent sur le Fl. *Hydaspes*, qui seroit auj. le Rovvey: la Ville a esté tellement aggrandie par Xa Selim, qu'elle a de circuit 24 lieuës. Sa Forteresse est tres-bonne, son Palais superbe, & avec nombre de tres-beaux Tableaux. A Fetipore, non loin de Lahor le Sultan Gonsron fils de Selim, mais rebelle, fut deffait par son Pere, & la Place en a tiré le nom, qui signifie Desir accomply: comme l'autre Fetipore prés d'Agra fut basty par Ekebar, aprés avoir obtenu des Enfans pour succeder à ses Estats.

Delly Capitale de son Royaume, est dans le chemin de Lahor à Agra; & à presque cinquante lieuës de celle-cy, & cent lieuës, & tant de celle-là, est baignée par le Fl. Gemini, ou Semena. Auparavant que les Mogoles fussent descendus dans tous ces quartiers, les Roys de l'Inde y faisoient leur residence, y estoient couronnés, & y avoient leurs Tombeaux: il s'y est trouvé des Obelisques fort beaux, & que l'on a creu estre dés le temps d'Alexandre le Grand, & des Grecs.

Agra Capitale de son Royaume doit sa beauté, & son aggrandissement à Ekebar Empereur des Mogoles. Elle est encor sur le Gemini, qui tombe dans le Gange, au dessous de Holobass. La Ville est bastie en croissant, au long de la Riviere ; s'estend dans la longueur de six lieuës ou plus, vers le Midy : le Palais seul du grand Mogol a deux lieuës de circuit : les autres Palais des Princes & Seigneurs sont le long de la Riv. en remontant vers le Septentrion, tous superbement bastis : mais celuy du Gr. Mogol est vn des plus beaux, des plus riches, & magnifiques de tout l'Orient. De l'autre costé est la Ville de Secandra qui occupe deux lieuës de longueur, habitée presque toute de Marchands. Fetipore. 1. Desir accomply, à douze lieuës d'Agra, & vers l'Occident, est encor vn des ouvrages d'Ekebar, qui ayant obtenu des Enfans pour succeder à ses Estats, fit bastir cette place à plaisir ; avec vn Palais, & vne Mesquite tres-superbe : mais ses mauvaises Eaux l'ont fait abandonner. Biana à l'Occident de Fetipore a le plus excellent Pastel des Indes. Scanderbade à l'Occident de Bayana, a esté la demeure de quelques Roys, & son Chasteau au dessus est dans vne assiette tres-advantageuse : & là où Xa Selim s'est maintenu, jusques à ce qu'Ekebar l'eust assiegé estroittement, & contraint de se retirer dans les Montagnes. Le nom de cette place, encor celuy de Secandra vis à vis d'Agra, retient quelque chose du nom d'Alexandre.

Telles sont les Provinces, ou Royaumes, que possede le Mogol : dont l'Empire tient du Midy au Septentrion cinq cent lieuës, de l'Occident en Orient six ou sept cent ; est borné, ou de Montagnes, ou de la Mer. Ses Voisins sont l'Vsbeck, le Cascar, le Thibet, & le Turquestan parties de la Tartarie, vers le Septentrion ; les Peuples Maug, & autres qui ont esté du Pegu, vers l Orient ; les Perses vers l'Occident ; les Royaumes de Decan, & de Golconde, vers le Midy : L'Ocean Indien, où sont les Golfes de l'Inde, & de Cambaye d'vn costé, & celuy de Bengala de l'autre, baignent le reste.

De tous ses voisins les plus puissans sont les Tartares, & les Perses : Les Tartares neantmoins estans divisés en plusieurs Estats, par où ils l'avoisinent, sont plus propres à le molester par courses, que de luy faire la Guerre. Le Persan luy reprit Candahar il y a quelques années, & qu'il n'a quitté du depuis, que lors, qu'il eust affaire en vn mesme temps, & au Turc, & au Mogol. Les autres font beaucoup de se deffendre contre luy : comme les Roys de Golconde, & de Decan : celuy-cy ayant perdu quelque partie de ses Estats, & l'autre luy donnant quelques presens en forme de Tribut.

Mais le Gr. Mogol ne concevroit rien moins que d'enlever entierement ces deux Royaumes, s'il n'estoit souvent travaillé de Guerres intestines : & s'il ne restoit entre ses Estats divers Princes, qu'ils appellent Rahias. 1. Roys ; & beaucoup de Peuples, dont il ne peut disposer absolument. Les vns, & les autres ne luy obeïssans, & ne luy payans Tribut, que par contrainte: & la plusipart mesme ne le payant que quand, & comme il leur plaist, & quelquesfois rien du tout.

Entre ces petits Roys, & Peuples sont le Rahia Bossou, qui demeure à Temmery, à cinquante lieuës de Lahor. Le Rahia Tulluck Chan, qui demeure à Negracut, quatre-vingts lieuës de Lahor. Le Rahia Decamperga est à cent cinquante lieuës d'Agra, demeure à Calsery. Le Rahia Mansa est à deux cent lieuës d'Agra, demeure à Serenigar: le Rahia Rodorou est au delà du Gange, demeure à Camayo: le Rahia Mugg, encor au delà du Gange, & au Midy du R. Rodorou, est fort puissant aussi bien que les deux derniers. Entre les bras du Gange, il y a vn Prince de l'ancienne famille des Roys de Delli, qui se maintient encor. Au dessus de Cassimere le Rahia Tibbon ne reconnoist ny le Mogol, ny les Tartares; descend souvent, & fait des courses sur les vns, & sur les autres.

Les Peuples Balloches, ou Bulloques vagabondent impunément dans la Province d'Hiacam: ainsi les Agüvanes, & les Patanes, dans le Candahar; ainsi les Quilles, ou Colles, & les Resbutes dans les Montagnes entre le Cambaye, & le Decan: & ont quelquesfois levé Tribut, les Colles du Decan, les Rebustes de Cambaye, & les Patanes de Candahar.

Ces Roys, & ces Peuples sont presque tous Payens; descendent de divers Roys, & Peuples qu'il y avoit en diverses parties des Indes, auparavant les Mogoles. Il y a vn Rahia des Colles au dessus d'Amedebat, vn autre le Rahia Partaspha prés de Breampure, & qui a quelquesfois pris, & pillé Cambaye. Le Rahia Rana demeure à Gurchitto: & apres s'estre bien deffendu, contre les anciens Roys des Indes, rend à present quelque Tribut au Mogol.

Le grand Mogol ne laisse d'estre vn des plus grands, & des plus puissans Princes de l'Asie: il peut mettre en campagne deux cent mille Chevaux, cinq cent mille hommes de pied; deux ou trois mille Elephans: il donne pension à la plusipart des Princes, Seigneurs, & Nobles du Pays: moyennant quoy ils doivent entretenir pour son service, qui vn, deux, trois, quatre, cinq; qui dix, qui cent, qui mille, qui dix mille Chevaux, & les avoir tousjours prests. Ses Armées neantmoins ne sont le plus souvent que de cent mille Chevaux, & & deux cent mille hommes de pied: & cela outre les Garnisons ordinaires. Ses sujets sont forts & robustes; & se servent de toute sorte d'Armes; vont librement aux occasions, & ne leur manque que l'ordre & l'adresse. Ils n'ont point de forces considerables sur Mer. Voire mesme les Portugais leur tiennent dans le Royaume de Cambaye les Villes, & Forteresses de Diu, de Daman, de Baçaim, de l'Isle de Saltette prés Baçaim, le Fort de Manora, & la Roche d'Asserim.

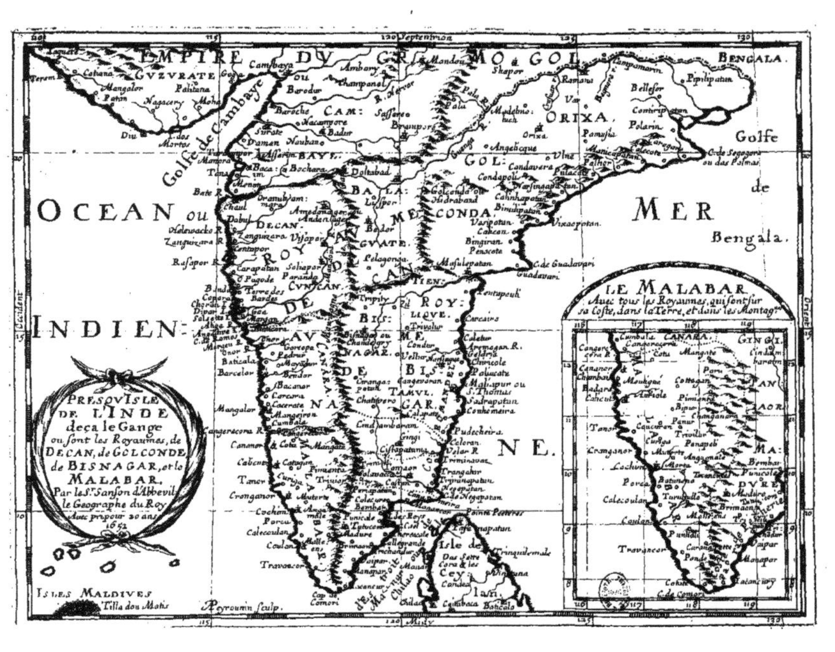
PRESQVISLE
DE L'INDE
deça le Gange
ou sont les Royaumes, de
DECAN, de GOLCONDE
de BISNAGAR, et le
MALABAR.
Par le S.r Sanson d'Abbevil:
le Geographe du Roy
Avec privil. pour 20 ans
1652
LE MALABAR
Avec tous les Royaumes, qui sont sur
sa Coste, dans la Terre, et dans les Montag.nes
EMPIRE DU GR. MOGOL
OCEAN ou
INDIEN
MER
de
Bengala.
Golfe
Golfe de Cambaye
BENGALA.
ISLES MALDIVES
Peyrounin sculp.

Presqu'Isle de l'Inde deçà le Gange.

LA presqu'Isle de l'Inde deçà le Gange est entre les emboucheures de l'Inde & du Gange ; & s'advance depuis l'Estat du Gr. Mogol jusques environ le 8 Degré de Latitude, au deçà de l'Equateur. L'Ocean, ou la Mer Indienne la baigne de trois costés ; Sçavoir le Golfe de Bengala, ol. *Gangeticus sinus*, à l'Orient ; le Golfe de Cambaye, ol. *Barigazenus sinus*, & la Mer qui regarde l'Arabie, vers l'Occident ; puis vers le Midy, celle qui regarde Ceylan d'vn costé, & les Maldives de l'autre.

Nous diviserons cette Presqu'Isle en quatre principales Parties, qui seront le Decan, le Golconde, le Narsingue ou Visnagar, & le Malabar. Les trois premieres, & les plus grandes ont chacune leur Roy ; ou s'il y en a plusieurs, ils despendent & relevent d'vn seul : la quatriesme & derniere Partie, a encor esté autresfois à vn seul, aujourd'huy à plusieurs, mais qui relevent les vns des autres.

DECAN.

LE Royaume de Decan a vers le Septentrion le Royaume de Cambaye ; à l'Orient, celuy de Golconde ; au Midy, celuy de Bisnagar, où est le Canara ; à l'Occident la Mer Indienne, où est le Golfe de Cambaye. Et ce Royaume se repartit en trois autres, qu'ils appellent Decan, Cunkan, & Balagate : les deux premiers sur la coste ; Decan plus vers le Nord, & jusques à la Riviere de Bate, qui le separe de Cambaye ; Cunkan plus vers le Sud, & jusques à la Riviere d'Aliga, qui le separe du Canara : Balagate est à l'Orient des deux autres dans les Terres, & dans les Vallées qui sont dessous, & entre les branches de la Montagne de Gate ; au delà de laquelle sont les Royaumes de Golconde, & de Narsingue.

Dans le Decan particulier sont les villes de Hamedanager, ol. *Omenogara* ; Chaul, ol. *Simylla emporium & promontorium*, dans le Cunkan, Visapor, ol. *Musopalle* ; Soliapor, ol. *Carura* ; Goa, ol. *Chersonesus* dan les Peuples *Pirata* de Ptolemée. Ainsi dans le Balagate Lispor doit respondre à *Hippocura*, Beder à *Batana*, Vltabad à *Tabaso*. Hamedanager Visapor, encor Beder sont les principales Villes ; & là où le Dealcan, où Idalcan fait sa residence. Mais toutes ces places ne nous sont point considerables comme Goa : Ville aussi belle, riche & marchande, qu'il y en ait dans tout l'Orient : Son assiette est dans vne Isle, que les Rivieres de Mandoüa, & de Guari forment à leur emboucheure. Alfonce Albuquerque la prit dés 1510, & du depuis les Portugais s'y sont establis si puissamment, malgré tous leurs voisins, que leur Viceroy, vn Archevesque, & leur Conseil pour les Indes Orientales y ont leur residence.

Outre le grand Traficq, les Richesses & la Police, qui s'y observe ;

Vincent Blancq fait estat que son Hospital est plus beau, plus accomply, plus riche, mieux servy, que ceux du S. Esprit de Rome, & de l'Infirmerie de Malte ; qui sont les plus beaux de la Chrestienté. Les Eglises de Goa sont aussi superbes, & avec beaucoup d'Ornemens. Leurs Vitres sont de Coquilles de Nacre de Perles, comme à Pegu d'Escailles de Tortuës de diverses couleurs : les vnes & les autres tres-belles, & industrieusement taillées.

Les Portugais vivent à Goa avec toutes sortes de delices, & de Volupté ; & avec vn Fast, & vne Presomption si grande, que les moindres, & les plus chetifs d'entr'eux, s'y font donner les Tiltres de Gentilshommes de la Maison, ou de la Chambre du Roy ; Chevaliers, Escuyers, &c. Entre leurs Denrées, ils vendent, & troquent des Esclaves de l'vn & l'autre sexe ; ny plus ny moins qu'il se fait icy des Chevaux, des Asnes, & des Moutons ; & en disposent comme bon leur semble. Outre Goa, la Terre des Bardes, les Isles de Salsette, de Choran, & Divar, & quelques autres Terres aux environs de Goa, sont aux Portugais ; & encore Chaul sur la coste, où il y a vn grand Traffiq de Soye.

Dans les Terres Doltabad du Balagate est de grand Negoce, & là où les Marchands de Cambaye, de Bengala, de Golconde abordent : à Lispor est la Foire pour le debit des Diamans, Amethistes, Chrysolites, Hæmathites, & toutes les autres Pierreries, qui se trouvent en divers endroits dans le Balagate. Dans les Mines de la Vieille Roche il se tire des Diamans taillés naturellement ; ceux-là s'appellent Nayffes, sont fort estimés par les Orientaux, particulierement si la taille est belle, & avec proportion.

Le Decan pris dans son entier est à vn Roy seul ; qu'ils appellent Idalcan, ou Dialcan Le Gr. Mogol luy a enlevé quelques places dans le Decan particulier, & les Portugais Goa, Chaul, & quelques autres sur la Coste. Ce Prince ne laisse d'estre puissant, au moins à l'esgard des Indiens : il a pris & ruïné Dabul sur les Portugais ; assiegé vne fois Chaul, & à diverses fois Goa ; menant en ses Armées iusques à deux cent mille hommes : en fin il s'est accommodé avec les Portugais ; le Viceroy des Indes Orientales, pour la Couronne de Portugal, ayant tousjours vn Ambassadeur prés de l'Idalcan : & l'Idalcan ayant le sien à Goa prés ce Viceroy. Tout le Pays generalement est bon, fertil, bien arrousé de diverses Rivieres ; a force Pierreries, du Cotton, de la Soye, dont ils font diverses Manefactures. Les Peuples y sont Mahometans, & Idolatres. Les Sujets des Portugais, Catholiques.

GOLCONDE.

LE nom de Golconde n'est connu que depuis quelques années : & neantmoins c'est vn Royaume puissant & Riche ; mais dont l'Estat a esté confondu sous le nom d'Orixa. Il est sur le Golfe de

Bengala, qu'il regarde vers l'Orient & le Midy ; avoisine les Mogoles, & le Royaume de Bengala, vers le Septentrion : celuy de Visnagar, vers le Midy ; touche le Decan, ou plustost le Balagate, qui fait partie du Decan, vers l'Occident : il y a deux cent lieuës, & plus sur la longueur de sa coste ; & prés de cent lieuës par toute sa largeur, en allant de la coste dans les Terres : porte plus de vingt millions de revenu : est tres-bien peuplé, & ses Peuples s'adonnent à toute sorte de Manefactures. Ils en font de Cotton si artistement, & avec de si vives couleurs, qu'on les estime plus que ceux de Soye, ils bastissent de grands Vaisseaux, negocient à le Meque, à Aquem, à Bengala, au Pegu, & par toutes les Indes.

Il y a dans l'Estat soixante & six Chasteaux, ou Forteresses, où sont les Garnisons ordinaires : & ces Chasteaux sur des Roches inaccessibles, qu'ils appellent Conda. Golconda que les Perses appellent Hidraband est la Capitale, & le sejour du Roy : elle est esloignée du Port de Musilipatan ou Masulepatan de soixante & tant de lieuës ; a son Air agreable, son Terroir fertil, occupe cinq ou six lieuës de circuit, & son Roy ne cede de guere au Mogol en Richesses, en Pierreries, en nombre d'Elefans, & en toute sorte de Magnificence. Mais ses Estats sont beaucoup moindres en grandeur, & ses Peuples moins belliqueux : aussi est-il contraint de luy envoyer tous les ans quatre cent mille Pagodes, en forme de Tribut.

Ce Pays au reste n'a point de Mines d'Or, ny d'Argent, ny de Cuivre, en a beaucoup de Fer & d'Acier ; sur tout plusieurs de Diamans, & d'autres Pierreries. Il y en a vne de Diamans à 50 ou 60 lieuës de Masulepatan, & prés la Riviere de Christena, si riche, & si abondante, qu'en 1622. le Roy fit cesser le travail, & fermer la Mine ; crainte que la trop grande quantité ne les mist en mespris. Les autres disent, crainte que cela n'attirast le Gr. Mogol dans ses Estats,

Condapoli sa principale Forteresse est si grande, qu'elle en comprend six autres dans son circuit ; & ces six sont les vnes au dessus des autres : chacune ayant du Bois, des Fruits, & du Labeur suffisamment pour nourrir les Garnisons destinées à leur deffence ; dont il y en a jusques à douze mille. Condavera est vne autre Forteresse à quinze ou seize lieuës de Condapoli : & entre deux à certains intervalles il y a des Tours, où avec des Falots on donne le signal de ce qui se passe dans le Pays. Le Roy de Golconde en 1618 s'appelloit Soltan Mahemet Cataba-sha, ou Cotub-sha : nom qu'ils retiennent de leurs predecesseurs, qu'ils croyent descendre des Perses, dont ils suivent la secte. Il ne laisse d'y avoir nombre de Payens. Les Portugais ont vne Forteresse à Masulepatan, qui est vn des meilleurs Ports du Pays ; la ville n'est pas fermée, & appartient au Prince.

L'Air y est sain par tout, le Terroir fertil, & qui porte deux ou trois fois l'année des Grains, des Fruits, &c. qui presque tous sont differens des nostres. Leur Saisons ne se distinguent qu'en trois sortes: ils ont de tres-grandes chaleurs en Mars, Avril, May, & Iuin; c'est leur Esté: force pluyes en Iuillet, Aoust, Septembre & Octobre, c'est leur Automne: du frais, ou peu de chaleurs en Novembre, Decembre, Ianvier, & Fevrier; c'est leur Printemps: car d'Hyver il n'y en a point. Vn des principaux revenu est du Sel, & qui seul donne dix-huict cent mille Pagodes, ou dix-huict cent mille escus: Les autres revenus se tirent de diverses Denrées, entr'autres les Diamans, qui passent cinq Carats, appartiennent au Prince, & Personne n'en doit avoir à peine de la vie.

NARSINGVE, ou BISNAGAR.

AV Midy du Decan, & de Golconde sont les Estats de Bisnagar, autrement de Narsingue; ces deux Places estant les principales du Royaume: Narsingue non loin du Port de Paleacate, sur le milieu de la coste de Choromandel; Bisnagar vers les Montagnes de Gate, & prés le Canara.

L'Estat entier se divise en trois principaux quartiers, & ces trois quartiers en sept Royaumes: & s'estend sur deux parties differentes de la Mer Indienne; sur le Golfe du Gange, ou de Bengala, vers l'Orient; & sur le Golfe de l'Inde, ou de Cambaye, vers l'Occident: de ce costé là la coste est longue de soixante & quinze, sur l'autre de deux cens cinquante lieuës.

Les trois principaux Quartiers s'appellent Canara, Bisnagar, & Choromandel: le Canara occupe toute la coste Occidentale, entre les Estats de l'Idalcan, & le Malabar: le Bisnagar, & le Choromandel tiennent toute la coste Orientale; le premier vers Golconde, le dernier vers la coste de la Pescherie, & l'Isle de Ceylan. Le Canara a les Royaumes d'Onor, & de Baticala sur la Mer, & celuy de Borçopa plus avant en terre, & qui s'advance aux Montagnes de Gate: Le Bisnagar a les Royaumes de Tienlique, & de Bisnagar; le Choromandel a ceux de Choromandel, & de Tamul.

Onor, Baticala, & Gorçopa sont Villes Capitales, chacune de leurs Royaumes; les deux premieres, à vn mesme; le dernier ayant son Roy particulier: mais tous Tributaires de Bisnagar. Les quatre du costé de l'Orient, & du Golfe de Bengala sont immediatement sujets au Roy de Bisnagar: si ce n'est que les Portugais y tiennent Maliapur, & Negapatan. Mais aussi d'ailleurs les Estats des Naiques de Gingi, de Tanjaor, & de Maduré sont estimés du Bisnagar; parce qu'ils en ont fait parties, & encor à present ils sont vassaux & tributaires du Roy de Bisnagar.

Autresfois ces Naiques n'estoient que Gouverneurs des quartiers qu'ils possedent aujourd'huy. Ces Gouverneurs s'estans revoltés, & emparés

emparés chacun de leurs Gouvernemens ; les Roys de Bisnagar leur ayant fait long-temps la guerre, pour les remettre en leur devoir : à la fin ceux-cy sont demeurés Naiques. i. Seigneurs hereditaires, & absolus de leurs quartiers, en payant quelque Tribut au Roy de Bisnagar.

La Ville de Gingi est estimée vne des plus grandes, & des plus belles de l'Inde, & au milieu de laquelle est vne Forteresse, & dans cette Forteresse vn Roc presque inaccessible. On donne à ce Naique encor les Villes de Cidambaran, puis Chistapatama ; & sur la coste de Choromandel, Coloran ; & les Princes de Trinidi, & de Salavacca luy sont sujets.

Le Naique de Tanjanor a son Estat entre ceux de Gingi, & de Maduré, & aprés le Port de Negapatan, qui appartient aux Portugais. Outre Tanjaor, & Castan dans les Terres ; celles de Triminapatan, de Trangabar, & de Triminavaz sur la coste luy appartiennent.

Le Naique de Maduré, outre Maduré sa Ville Capitale, & tres-belle, tient presque toute la coste de la Pescherie ; & la petite Isle Manar, prés Ceylan. Cette coste s'estend depuis le Cap de Comori jusques au Cap de Negapatan, & regarde dans l'Ocean l'Isle de Ceylan, qui en est peu esloignée. Et le nom luy a esté donné de Pescherie à cause des Perles qui s'y peschent tous les ans, sur la fin de Mars, & au commencement d'Avril ; autres disent sur la fin d'Auril, & au commencement de May : & cette Pesche ne dure que quinze iours ou trois semaines ; y ayant pour lors cinquante ou soixante mille personnes, qui y sont employées ; soit pour faire la pesche, soit pour empescher que les Vaisseaux Pescheurs ne soient inquietés : la vente de ces Perles se fait en Iuin, Aoust, & Septembre.

Tutancori, ou Tutucori, Tricilipali, & Manancor sont les meilleures Villes de cette coste, qui a soixante & quinze lieuës de longueur & plus, & là où il y a vingt, ou vingt-cinq villes. Les Peuples Paravas sont meslés parmy la coste, & vivent avec quelque forme de Republique, en payant certains droits au Naique de Maduré, & ce sont eux, qui font la Pesche des Perles : & cette Pesche est toute la Richesse du Païs, qui n'est de soy, ny fertile, ny agreable, mais sec & brûlé.

Au reste, le Roy de Bisnagar est fort puissant ; autresfois marchant contre l'Idalcan, on fait estat qu'il avoit en son Armée quarante mille Chevaux ; sept cent mille Hommes de pied, & sept cent Elefans. Sa Ville Capitale est Chandegry, autrement Bisnagar ou Visnagar, belle, riche, & qui a pû fournir cent mille Chevaux, au dire de Vincent Blanq ; puis Narsingue à la pente d'vne colline vers la Mer ; Tripity non loin de Chandegry, & Cangevaran non loin de Maliapor ou S. Thomas. Trivalur est fameuse pour le grand nombre de ses Idoles. Cirangapatan est entre Chandegry & Mangalor, qui est sur la coste de Canara : la Forteresse de Vellur entre Chandegry & Narsingue estoit la Cour du Roy en 1609.

Tout le Païs est sain, riche, agreable; & se tire d'excellens Diamans des Montagnes de Gate prés Chandegry, & ailleurs quantité d'Amethistes, & Saphirs blancs. Il y a toute sorte d'Animaux privés & sauvages : leurs Elefans sont dociles, leurs peuples sains & dispos, mais peu courageux. Le Poivre d'Onor est estimé le plus pesant, & le meilleur de tous ces quartiers : les Portugais en tirent sept ou huict mille quintaux par an. Baticala porte du Riz de plusieurs sortes, differents, & de bonté, & de pris. Le Riz noir est estimé plus sain, & meilleur que le blanc.

Entre Paleagate, & Narsingue, se rencontre vne Vallée obscure, & profonde, remplie d'Arbres qui distillent incessament de l'Eau, comme ceux de l'Isle de Fer aux Canaries : prés de cette Vallée, il y a des Succrieres tres-abondantes, & là où les Cannes estant pressées, ne servent plus qu'à la nourriture des Bestiaux : entre lesquels leurs Pourceaux s'en donnent à plaisir, & contractent vn goust, qui se ressent plustost du Succre que du Salé; mais qui n'en vaut pas moins.

Quelques-vns ne donnent au Roy de Narsingue que dix ou douze millions de liures de revenu; d'autres dix ou douze millions d'Or; ce qui est plus vray-semblable. Il entretient d'ordinaire quarante mille Naires, vingt mille Chevaux; & pour le service de sa Maison 12, ou 15000 personnes; mille Chevaux, & huict cens Elefans.

Presque tous les Peuples y sont Idolatres, quelques-vns Mahometans, & d'autres Catholiques. Les PP. Iesuites y ont deux Residences, l'vne à Chandegry, & l'autre à Vellur, & y font vn grand fruict. Entre les Coustumes Barbares de ces Payens, celle-là est bien grande, & inhumaine, quand les Femmes vivantes se bruslent avec le corps de leur Mary decedé. Texera dit que le Naïque de Maduré estant decedé de son temps, ses quatre cens Femmes, ou Concubines, se jetterent dans le mesme Feu, & se brûlerent avec le Corps du Roy. Il s'en brûla trois cens soixante & quinze avec le Naique de Tanjaor en 1600 & autant ou plus avec le dernier Naique de Gingi. Pour faire la Ceremonie meilleure, leurs Brachmanes ou Prestres les exhortent à ne point quitter leurs Maris, & jettent force Bois de Senteurs, & force huile dans le Feu, qui n'en brûle pas plus doucement. Cette Loy a esté establie, parce que les Femmes empoisonnoient souvent leurs Maris, quand elles en avoient receu quelque mescontentement, & en reprenoient aussi tost vn autre. Mais cela n'est que pour les Nobles, & pour les Prestres, à ce que dit Linschot, & non pour le peuple.

Entre les places, qui sont sur la Coste de Choromandel, Negapatan & Maliapur appartiennent aux Portugais : & autresfois eux seuls de l'Europe y faisoient tout le negoce. Les Hollandois y tiennent aujourd'huy Gueldria, & ont des Facteurs presque par toute la coste.

Negapatan est grande, marchande, & là où il se debite diverses marchandises de prix: il s'y recueille du Riz en telle quantité qu'elle en fournit ses voisins.

Maliapur est la place, là où ceux du Pays croyent que S. Thomas a esté martyrisé & enterré; & il y avoit plusieurs Chrestiens que l'on appelloit de S. Thomas, lors que les Portugais entrerent dans les Indes. Encor aujourd'huy ils font vn corps considerable, & se sont facilement remis au vray Christianisme: l'ancienne ville est ruïnée, la nouvelle a esté rebastie par les Portugais, là où il restoit vne Chapelle dédiée à saint Thomas, & il s'y est erigé vn Evesché sous l'Archeuesché de Goa.

MALABAR.

LE Malabar est la derniere des quatre Parties, que nous avons dans la presqu'Isle de l'Inde deçà le Gange; & c'est la moindre en continence, non pas en bonté. Tout le Pays est sain, fertil, & riche: il y a peu de Froment, au lieu duquel il donne force Riz, force Mayz, & autres Grains; des Fruits, quantité de Drogues, d'Espiceries, & de Pierrieries, vn grand nombre de toute sorte d'Animaux: fournit du Bois, & de si beaux Arbres pour les Mastures de grands Vaisseaux, que la Norvvege n'en a pas de meilleurs: Sa plus grande Richesse neantmoins est en son Poivre, & en ses Pierreries.

Quelques-vns estendent le Malabar depuis la Riviere d'Aliga, ou depuis le Cap de Ramos, jusques à celuy de Comorin: mais tout ce qui est entre les Rivieres d'Aliga, & de Cangerecora, ayant déja passé sous le nom de Canara, où les Roys sont Tributaires de celuy de Bisnagar; nous suivrons les autres, qui enferment le Malabar entre la Riviere de Cangerecora, & le Cap de Comorin; & là où il y a plusieurs Roys, tous sujets autresfois au Samorin de Calicut: aujourd'huy ceux de Calicut, de Cochin, de Cananor, & de Coulan, sont les plus puissans.

La Coste de Malabar peut avoir cent vingt-cinq lieuës de longueur, ou peu plus; dont le Roy de Cananor en tient les vingt, Calicut vingt-cinq, Cochin quinze, Coulan avec Travancor quarante & tant. Le reste est à plusieurs: ceux de Chombais, de Montigué, & de Badara sont fort proches les vns des autres; & entre Cananor & Calicut: ceux de Tanor, & de Cranganor sont entre Calicut & Cochin: ceux de Porca & de Calecoulan, sont entre Cochin & Coulan: & celuy de Travancor entre Coulan & le Cap de Comorin, prés lequel le pays n'est plus si bon qu'au reste du Malabar.

Dans les Terres sont ceux de Cota prés Cananor, d'Auriole, de Cotagan, de Bipur, de Cucuran, de Panur, & de Curiga au dessus de Calicut, de Tanor, & de Cranganor: ceux de Muterte, de Marta,

& de Batimena, vers Cochin: dans les Montagnes sont ceux de Mangate, de Paru, de Pimienta, de Changanara, de Trivilar, de Panapel, d'Angamale, où il y a eu Archevesché des Chrestiens de S. Thomas; reduit en Evesché, & transferé à Cranganor: deux de Ticancutes, de Punhali, de Caranarette, & d'autres. Les peuples Malléens, & ceux de la Montagne Pande vivent en forme de Republique. Cotate prés le Cap de Comori est du Royaume de Travancor, & il y a vn bon Negoce.

Calecut est estimé pouvoir mettre cent mille hommes & plus sur pied: Cananor peu moins: Cochin & Coulan chacun cinquante mille. Ils se servent peu de Cavalerie, parce que le Pays est bas, humide, & entrecoupé de force Ruisseaux. Calecut pretend d'avoir quelque authorité sur tous les Roys de Malabar, dont ceux de Cananor, de Cochin, & de Coulan, auquel celuy de Travancor est vny depuis quelques années, se soucient peu aujourd'huy: vne bonne partie du reste en releve encor.

Cananor, outre ce qu'il tient en Terre Ferme, possede quelques Isles entre les Maldives; parce qu'il a secouru vn de leurs Roys contre ses Rebelles: possede à la mesme raison l'Isle de Malicut, à trente-cinq ou quarante lieuës au Nord des Maldives: & les cinq Isles de Divandurou encor à trente lieuës, au Nort de Malicut. Toutes ces Isles sont petites, Malicut n'a que quatre lieuës de circuit, les autres en ont chacune six, ou sept: elles sont saines plus que les Maldives; ses Habitans riches, & negocient dans la grande Terre, dans le Malabar, dans les Maldives, & ailleurs.

Cochin s'est mis en reputation depuis qu'il s'est allié des Portuguais, par le moyen desquels il s'est affranchy du Tribut qu'il devoit à celuy de Calicut, & a attiré dans ses Estats vn des meilleurs negoces de tout le Malabar: & la ville s'est tellement agrandie, qu'elle ne vaut pas moins à present que celle de Calicut.

Les Habitans Originaires du Malabar sont divisés en Bramenis, Nayres, & Peuple. Les Bramenis se font Prestres ou Sacrificateurs de leurs Idoles, quelques-vns s'adonnent aux Armes avec les Nayres, d'autres au Traffiq; mais à quelque vacation qu'ils se mettent, ils ont vne façon de vivre toute particuliere. Les Nayres s'adonnent tous aux Armes. Le Peuple ne se mesle que du Labeur, de la Pesche, des Manefactures, &c. & sont tenus fort sujets.

Outre les Originaires il y a force Estrangers, qui ne demeurent que sur la Coste: & ceux-cy sont appellés Malabares, d'où le nom s'est communiqué au pays. Ces Malabares sont Mahumetans, là où les autres sont Payens, & fort superstitieux. Il y a aussi quelques Iuifs, & depuis que les Portuguais y ont mis le pied, force Chrestiens: outre ceux qu'ils appellent de S. Thomas; ceux-cy estans dans les Montagnes, & ceux-là sur la coste.

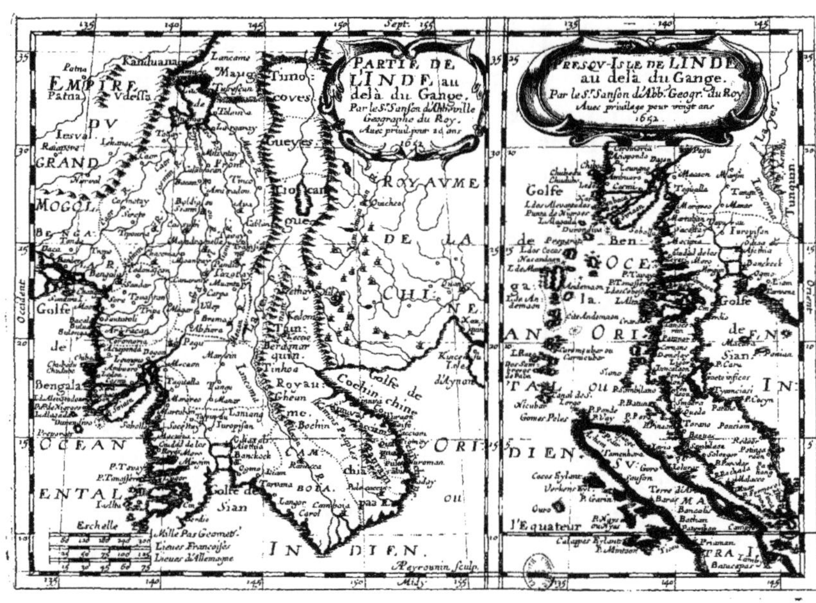
PARTIE DE L'INDE au delà du Gange.
Par le S.r Sanson d'Abbeville Geographe du Roy.
Auec priuil. pour 20 ans
1652
PRESQV-ISLE DE L'INDE au delà du Gange.
Par le S.r Sanson d'Abb. Geogr. du Roy
Auec priuilege pour vingt ans
1652
EMPIRE DV GRAND MOGOL
ROYAVME DE LA CHINE
Golfe de Bengala
OCEAN ORIENTAL
Golfe de Sian
Cochinchine
CAMBOYA
INDIEN
Golfe de Bengala
OCEAN ORIENTAL INDIEN
Golfe de Sian
Occident
Orient
Sept.
Midy
Eschelle
Mille Pas Geometr.
Lieues Françoises
Lieues d'Allemagne
A. Peyrounin sculp.
l'Equateur

PRESQV'ISLE DE L'INDE au delà du Gange.

LA Presqu'Isle de l'Inde, qui est au delà du Gange, est nostre troisiesme, & derniere partie de l'Inde Orientale, ou Asiatique. Nous luy donnons tout ce qui reste de l'Inde jusqu'à la Chine: & la terminons à l'Orient par la Chine, & par la Mer des Isles Philipines; au Midy par la Mer, qui baigne les Isles de la Sonde; à l'Occident par la Mer, ou Golfe de Bengala, & par les Estats du Mogol; au Septentrion nous l'advancerons jusques aux Tartares: & par ce moyen elle occupera toute l'Inde au delà du Gange, ce que le Gr. Mogol y possede en estant retranché.

Nous avons en cette Presqu'Isle vn grand nombre de Royaumes, que nous considererons sous le nom de trois principaux; qui seront de Pegu, de Sian, & de Cochinchine. Sous le nom de Pegu nous rangerons tous les Estats, & les Royaumes, qui sont sur les Rivieres, qui descendent du Lac de Chiamay, jusques au Pegu. Sous le nom de Sian, tous les Estats & Royaumes, qui sont aux environs de Sian; & dans la Presqu'Isle, qui est entre les Golfes de Bengala, & de Sian. Sous le nom de Cochinchine, tout ce qui est le plus proche, & à l'Occident de la Chine. Cette derniere partie est la plus Orientale des trois; la seconde la plus Meridionale; la premiere la plus Occidentale. Et celle-cy a esté sujecte presque toute au Roy de Pegu; l'autre au Roy de Sian; la derniere a fait partie de la Chine.

PEGV.

LE Royaume de Pegu, estant en sa splendeur, estoit si riche, & si puissant qu'on le vouloit égaler à celuy de la Chine. V. Blancq dit qu'il comprenoit deux Empires, & vingt-six Royaumes, ou Estats couronnés; Ie crois que les deux Empires estoient Pegu, & Siami; ou peut-estre Sian; celuy-cy ayant esté sujet, ou tributaire du Pegu: & les Royaumes sont Martavan, Manar, Tangu, Marsin, Iangoma, Brama dont la Ville Capitale est Carpa, Abdiara, Vilep, Caypuma ou Canarane, Tazatay, Mandranelle, Tavay, Cablan, Ava, la Transiane, Tinco, Prom, Bacay, Largaray, Totay, Cassubi, Moantay, Tipoura, Chacomas, Comotay, & Caor. La pluspart de ces Estats mesme à part sont riches, & puissans; & pouvoient fournir à la guerre, qui deux, qui trois, qui quatre cent mille hommes. Il y a presque par tout des Mines d'Or, & d'Argent; & des Pierreries, outre les Grains, les Fruits, les Herbes, les Volailles, les Animaux, qui s'y trouvent excellents. Les Royaumes de Tangu, & de Brame sont des plus puissants; puisque celuy-cy s'est quelquefois emparé, & que l'autre avec celuy d'Arracan a ruiné l'Estat de Pegu.

Brama outre ses Mines de Pierres precieuses a du Benjoin, de la

Lacque, & certaines Herbes, dont ils tirent de la Soye, & en font diverses Manufactures, entre autres des Chappeaux fort estimés. Ava abonde en toute sorte de Vivres, a divers Metaux, puis du Musc, & des Rubis. Canelan a des Rubis plus fins, des Saffirs, & autres Pierreries. Prom a de la Lacque, & du Plomb; Tinco tire force Marchandises du costé de la Chine. Vincent Blancq estime la Ville de Canarane aussi riche, & magnifique, qu'il y en ait dans l'Inde: il la met entre les Rivieres de Ijame, & de Caypoumo, ou de Pegu: & luy donne quatres lieuës de circuit, la fait capitale du Royaume de Caypoumo, qui s'appelle aussi de Canarane: le Pays a des Turquoises, & des Esmeraudes les plus fines de l'Orient. Cassubi est dans vne plaine, bornée de hautes collines, d'où descendent forces Ruisseaux, qui arrousent la plaine, & où sont toutes sortes de Fruits, entre autres des Coins les plus gros, & les meilleurs de l'Inde, des Raisins tres-excellents, de la Manne, qui se doit recueillir avant que le Soleil paroisse, parce qu'il la dissipe. Leurs Montagnes sont remplies de Sauvagines; & il s'en tire des Peaux, & des Fourrures d'Hermines, & de Martres de diverses sortes, toutes fort exquises. Les Peuples de la Transiane sont beaux & blancs, leurs Femmes tres-belles; mais les Hommes fort superbes. Ils ont des Mines d'Or, d'Argent, & de Diamants: leur Roy entretient ordinairement cinquante mille Chevaux, mille Elefans; & payoit son tribut au Roy de Pegu en Chevaux, qui sont excellents. Leurs Forests ont force Animaux Sauvages, entre autres celuy, qui donne le Bezoüar. Les Habitans de Siami sont estimés les plus honnestes, & les plus civils de tous ces quartiers; ce qui ne peut estre, qu'ils ne soient gens de Negoce, & à leur aise. Ainsi tous ces Royaumes ont diverses Denrées & Commodités, qui les font riches.

Le Royaume de Pegu, qui a commandé, ou qui a eu pour sujets, ou Tributaires presque tous ces Estats, & encor d'autres du costé de Sian, & Sian mesme, ne peut qu'il n'ait esté extremement riche, & puissant. Aussi l'Or, l'Argent, les Perles, & les Pierreries ont esté si communes dans les Palais du Roy à Pegu, qu'il sembloit que tout l'Orient y eût apporté ses Richesses. En Statuës d'Or, & en Cambalengas, il y en avoit pour plus de soixante millions d'Or; sans avoir esgard aux Perles, & Pierreries, qui servoient de Couronnes & d'Ornements à ces Statuës; & qui valoient beaucoup plus que l'Or, dont elles estoient massives. Les Planchers des Bastimens, les Meubles, & les Vaisseaux, dont ils se servoient pour leur divertissement, estoient si enrichis d'Or & d'Azur par dedans, & par dehors, que cela ne seroit point imaginable, si ce n'estoit que ces quartiers estans *l'Aurea Regio*, & encor *l'Argentea Rego* de Ptolomée: il faut croire qu'il a esté dés il y a long-temps, & qu'il peut estre encor à present le plus riche Pays de toutes les Indes:

& par mesme moyen vn des mieux peuplés, & des plus puissants.

La ville de Pegu est divisée en vieille & nouvelle, l'vne & l'autre ensemble font vn quarré; y ayant cinq portes sur chaque face. La Cour occuppe la nouvelle ville, les Marchands, & les Artisans la vieille. Le Palais au bout de la nouvelle est tres-superbe, la plus-part des Bastiments y estans soustenus par des Geans, au lieu de Colomnes; & toutes les Pierres si luisantes, que celles qui sont en dehors, representent les Iardins, & les Forests voisines; celles du Pavé des Chambres, & des Cabinets, representent si bien les Lambris d'enhaut, qu'il semble que l on ne marche que sur de l'Or & de l'Azur.

Il y a environ cent ans que le Roy de Pegu, faisant la guerre contre celuy de Sian, avoit dans son Armée plus d'vn million d'hommes de pied, deux cens mille Chevaux, cinq mille Elefans, trois mille Chameaux; & toute cette despence, pour avoir deux Elefans blancs, qui estoient entre les mains du Roy de Sian: Mais ces Elefans furent aussi malheureux au Roy de Pegu, comme ils avoient esté à celuy de Sian; les Roys, d'Aracan & de Tangu ayans fait la guerre, & ruiné celuy de Pegu pour le mesme sujet.

SIAN.

LE Royaume de Sian, & les Estats, que nous voulons comprendre sous le nom de Sian, sont au midy du Pegu. Nous les pouvons considerer en deux principales parties; dont l'vne retiendra le nom de Sian, & l'autre prendra celuy de Malaca: Cette derniere est vne Presqu'Isle, qui s'estend du premier Degré de Latitude, jusques au 11, ou 12. d'où la premiere s'advance dans la Terre Ferme, jusques au 19, ou 20, Degré en deça de l'Equateur. Elles portent donc chacune deux cent, ou deux cent cinquante; & ensemble quatre ou cinq cent lieuës du Midy au Septentrion. Mais la Presqu'Isle de Malaca est fort estroite, & n'a que dix ou douze lieuës dans l'Isthme, qui la separe de Sian; ailleurs elle en a 20, 40, 60, & quelquefois 80. Sian a sa longueur, & sa largeur presque ésgales.

Sous le nom de Sian, separé de la Presqu'Isle de Malaca, nous comprenons les Royaumes de Martavan, de Sian, de Iancoma, de Lanjan, & de Camboge; sous le nom de Malaca ceux de Tanaçerim, Iunçalan, Singora, Queda, Pera, Patane, Pan, Malaca, Yhor, & autres.

Martavan sur l'Ocean Indien, & vers le Golfe de Bengala, est contigu au Pegu, de qui il a esté sujet autrefois; aujourdhuy à celuy de Sian. Ce Royaume a quantité de Ports frequentés pour le Negoce; parce qu'outre ses Grains, Fruits, Huiles, & Herbes medicinales, il est riche en Mines d'Or, d'Argent, de Fer, de Plomb, d'Acier, de Cuivre: il y a des Rubis, de la Lacque, du Benjoin, &c. & il s'y fait des Pots de terre, qu'ils appellent Martavanes, dont il y en a de si grands, qu'ils tiennent autant qu'vn Muid, & quelques fois plus.

C'est vne espece de Porcelaine vernissée de noir, & là où l'Eau, le Vin, l'Huille, & toutes sortes de Liqueurs se gardent; & pour cette raison ils sont en estime dans tout l'Orient.

Iangoma sur les confins du Pegu, de Sian, & de Brame, a esté suet ou tributaire, tantost aux vns, & tantost aux autres. Il y a de l'Or, de l'Argent, du Cuivre, du Musc, du Coton, du Poyvre. Ses Peuples sont plus addonnés à la Cavallerie, qu'à l'Infanterie. Lanjang est le nom d'vn Royaume peu connu, sa position doit estre vers les Peuples Layes (si ce n'est point la mesme chose) sinon, au dessus de Camboge.

Camboge est la pointe la plus Meridionale de la Presqu'Isle, qui est entre les Golfes de Sian, & de Cochinchine. La principale ville est Ravecca, ou Camboja, dont le Royaume prend son nom, & celle cy est sous le 10, ou 11, Degré de Latitude, & sur la principale branche, & la plus Orientale du Fleuve Mecon, non loin de la Mer: l'autre sous le 14. Degré de Latitude, & plus de cent lieuës avant dans la Terre, en remontant le Mecon: & cette Riviere, comme ils croyent, vient de la Chine; ils veulent dire de certaines Regions autrefois sujetes, ou qui faisoient partie de la Chine. Elle est forte, & rapide; fait ses inondations, & fertilise le Pays, comme le Nil fait en Egypte. Les Peuples en leurs mœurs, & en leurs Coustumes, ressemblent à ceux de Sian, de qui ils ont esté sujets, & de qui ils estoient encore tributaires, y a peu de temps.

Dans la Presqu'Isle de Malaca il y a divers Royaumes, qui tous (hors la ville de Malaca) sont encores tributaires de celuy de Sian. Tanasseri, Iunçalaon, Queda, Pera, & Malaca sont sur la coste Occidentale de la Presqu'Isle, & regardent le Golfe de Bengala, & l'Isle de Sumatra: Yhor, Pan ou Pahan, Patan, Singora, Bordelon & Ligor sont sur la coste Orientale, & vers le Golfe de Sian.

Tanassery ou Ternacerim est marchand; à cause de son Archipelague, qui comprend plusieurs Isles; de son Isthme, qui facilite le transport des marchandises d'vne Mer à l'autre; & de ses Ports, qui luy debitent facilement ses Grains, ses Vins, & ses Fruits assés semblables aux nostres, comme les Volailles, & les Animaux qu'elle nourrit, outre ceux qui sont particuliers aux Indes. Leur Nipe. i. Vin ardant de Tanasserim, a presque la mesme force, que nostre Eau de Vie: & s'en transporte par toutes les Indes dans les Martavanes.

Iunçalaon, Queda, Pera, Malaca ont encor de ces Nipes ou Vins ardans, mais non si excellents que ceux de Tenasserim. Iunçalan & Pera ont du Calaem ou Calaim espece d'Estaim. Ihor est apres le Cap de Sincapura; & à la derniere pointe de la Presqu'Isle. Sa ville principale fust prise & ruinée par les Portugais en 1603. qui en tirerent 1500. Canons de bronze. Le Roy d'Yhor pour sa revange, siegea Malaca en 1606, avec soixante mille hommes; mais il fut contraint de lever le Siege. Il a quelques petits Roys, qui luy sont tributaires.

taires. Pan ou Pahan a du Bois d'Aigle, & de la Calambe, qui approche de celuy de la Cochinchine ; du Camfre, qui approche de celuy de Borneo ; de l'Or, mais plus bas que le nostre ; de la Pierre Pore, qui ne vaut guere moins que le Bezoar contre le Venin ; des Diamans, de la Muscade, du Macis, &c.

Patane s'est rendu fameux depuis quelques années, & le Royaume est frequenté de diuerses Nations, particulierement des Chinois, qui y portent de la Porcelaine, diverses Manefactures & Vstancilles de mesnage, au lieu de quoy ils remportent du bois à bastir, des cordages tirés du Cocos, du Ris, diverses Pelletteries, &c. le Poyvre y est excellent, mais aussi plus cher qu'à Bantam. Leur Saroy-Boura. 1. Matiere de Nidz d'Hirondelles, comme nous dirons en Cochinchine, y sont fort recherchés. Le Terroir y est si bon, qu'il donne des Fruits tous les mois de l'Année : leur Poules, Canards, Oyes y font souvent leurs Oeufs deux fois le jour. Entre vn nombre infiny d'Oyseaux, ils ont des Herons blancs, & des Tourterelles bigarrées de couleur, comme les Perroquets.

Patane, Singora, Bordelong, & Ligor sont dessus vn mesme Golfe, que l'on peut appeller de Patane, & qui fait partie de celuy de Sian: Patane, & Ligor vers les deux extremités ; Singora, & Bordelong sur le milieu, & au fond de ce Golfe : & ces deux dernieres sont capitales des Provinces (autres disent Royaumes) sous Sian ; les deux premiers sont Royaumes tributaires de Sian : elles n'ont toutes rien de particulier plus que Patane, auquel ils ont esté vnis.

Malaca ville & Royaume, est aujourd'huy le plus fameux de tous ceux, que nous avons compris dans la Presqu'Isle du nom de Malaca ; il a esté sujet au Roy de Sian. Vn particulier s'en estoit rendu Maistre, avant que les Portugais fussent dans les Indes. En 1511. Alfonce Albuquerque prit la ville, au nom d'Emanüel Roy de Portugal ; & les Portugais s'y sont maintenus du depuis, malgré tous les Roys circonuoisins ; jusques à ce que les Hollandois l'emporterent sur eux en 1641. le Pays restant toûjours au Roy de Sian. Ce qui a rendu cette ville grande, riche, & puissante, bien que l'Air y soit mal sain, & le Terroir peu fertil, a esté l'advantage de son assiette. Elle est au Centre de la Terre Ferme, & de toutes les Isles des Indes Orientales ; & commande à vn Destroit, qui tient la Clef, & fournit d'Estappe à toutes leurs Marchandises. L'Abord de diverses Nations des Indes a tellement façonné la langue des Malayois, qu'elle est la plus belle, & la plus elegante de toutes.

Entre les raretés de Malaca, ou plustost entre les Merveilles du Monde, doit estre l'Arbre Triste ; qui ne porte de Fleurs qu'apres que le Soleil est couché ; & ne manque de les laisser tomber, dés que le Soleil se leve : & cela tous les jours, & tout le long de l'année. Ces Fleurs sont presque semblables, mais encor plus belles, & plus odoriferantes, que celles des Orangers. Il s'est transporté de ces Arbres, & sont bien venus à Goa, & en quelques endroits des Indes; non en Europe, quelque soin que l'on y ait pris.

COCHINCHINE, &c. TVNQVIN.

I'Estime sous le nom de Cochinchine pris en general, tout ce qui est à l'Orient des Royaumes de Camboge, de Sian, de Pegu, d'Ava, &c. à l'Occident de la Chine, & du Golfe de Cochinchine; baigné au Midy de l'Ocean Oriental ou Indien, & borné au Septentrion par de tres-hautes Montagnes à l'encontre de la Tartarie: cela s'estend du 9. Degré de Latitude en deçà de l'Equateur, jusqu'au 34. ou 35. vers le Septentrion, qui font plus de six cent lieuës; la Largeur n'estant que la huict, ou dixiesme partie de cette Longueur.

Le nom de Conchinchine, selon quelques-vns, signifie Occidentale Chine: aussi les Originaires du Pays l'appellent Onam ou Anam, i. Quartier Occidental, & cela s'entend à l'esgard de la Chine; de qui ils ont fait partie, & de qui ils retiennent encor les Meurs, les Coustumes, le Gouvernement, & la Religion. Mais comme ces Quartiers se sont retirés de la subjection des Chinois dés y a plus de huict cent ans; aussi se sont-ils divisés facilement peu aprés en divers Estats. Le nom de Cochinchine s'estant conservé dans la partie plus Meridionale: celuy de Tunquin ayant pris le milieu, les parties plus Septentrionales passans sous les noms des Peuples Layes, Royaume de Ciocangue, Peuples Gueyes, Timocoües, &c. qui ont pris, & receu en partie les Meurs, & la Barbarie des Tartares leurs voisins.

Encor la Cochinchine, s'est divisée en Chiampaa, & Cochinchine: Chiampaa entre Camboge, & Cochinchine regarde les Isles de la Sonde vers le Midy, les Philipines vers l'Orient; & touche au Tunquin vers le Septentrion. Sa principale ville est de mesme nom, suivant la plus part des Autheurs: & suivant d'autres Pulocacem; il n'y a rien de particulier autre que dans la Cochinchine, qui sera cause que nous nous y arresterons davantage.

La Cochinchine particulierement prise est mieux connuë, que tous les Pays circonvoisins; parce qu'elle est entierement sur la Mer, là où sa Coste occupe 150. lieuës, sa largeur n'estant que de 40, ou 50 lieuës entre les montagnes des Kemois Peuple Barbare, & la Mer. Ses Provinces sont en descendant du Septentrion au Midy, Sinuva, Cacciam, Quangiva, Quiguin ou Pulucambis, & Ranran: les deux premieres touchent le Tunquin: les dernieres touchent au Royaume de Chiampaa. Le Roy fait sa residence ordinaire en la Province de Sinuva, ou à Cacciam, villes de mesme nom que leurs Prouinces.

Tout le Païs est fertil, & foissonne en Ris, Fruits, Herbes, nourrit force Oyseaux, Animaux, & la Mer des Poissons excellents: il porte de la Canelle, du Poyvre, du Bois d'Aigle, de la Calambe, du Ben-

Join : ſon temperament eſt ſi agreable, bien que ſous la Zone Torride, l'Air ſi ſain, & le Terroir ſi abondant en tout, que ſes Habitans n'ont aucune connoiſſance de Contagion, ny de Famine. Il y a de l'Or, de l'Argent, de la Soye, & diverſes autres Denrées de prix, & toutes ſortes de Nations abordent ſa coſte, à cauſe de la bonté de ſes Ports, & de ce que les Habitans y ſont courtois, liberaux, affectionnés aux Eſtrangers, & fideles en leur Negoce. Ils ne laiſſent d'eſtre courageux, & plus aguerris que ceux de Tunquin, & de la Chine ; manient toute ſorte d'Armes, & avec adreſſe : Ils ſont Idolatres, le Chriſtianiſme s'y eſtoit introduit en 1620, & commençoit à y fleurir ; mais leurs Roys du depuis ont fort perſecuté les Chreſtiens.

Entre les Particularités, & Raretés du Païs, il faut mettre le Lut, vne Inondation, qui en Automne couvre de ſes Eaux preſque tout le Païs. Elle ſe renouvelle de quinze iours en quinze iours, & ne dure que trois jours à chaque fois : & fertiliſe tellement la Terre, qu'elle porte deux ou trois fois l'année. Leur Saroy-Boura, ou Matiere dont certaines Hirondeles font leurs Nidz, qui eſtans delaiſſés par ces Oyſeaux, ſe ſechent, & endurciſſent, puis ſe recueillent en grand nombre : & eſtans r'amollis & delayés dans l'Eau, ils ſervent d'aſſaiſonnement à toute ſorte de Viandes : & comme autrefois la Manne, communique vne telle varieté de Gouſt, qu'il ſemble y avoir de la Canelle, du Cloux de Girofle, du Poyvre, & autres Eſpiceries. Leurs Bois d'Aigle, & de Calambe, qui viennent d'vne meſme ſorte d'Arbre : le Bois d'Aigle du troncq d'vn jeune, la Calambe du troncq d'vn vieil Arbre : mais celuy-cy beaucoup plus eſtimé que l'autre, pour ſon Odeur, & pour ſa Vertu : La livre ſur les lieux, où il eſt abatu, vaut cinq Ducats ; porté ſur le Port, 15. ou 16 ; tranſporté au Iapon, 200 Ducats ; que s'il ſe rencontre quelque piece, qui puiſſe faire vn Oreillier entier, il vaudra 3 ou 400 Ducats la livre. Le Bois d'Aigle entr'autres ſert à bruler les Corps de leurs Roys, de leurs Princes, & de leurs Preſtres, quand ils ſont decedés.

Entre les Bois dont ils ſe ſeruent à baſtir, il y en a deux ſortes, qu'ils appellent incorruptibles ; ſoit dans l'Eau, ſoit dans la Terre : leurs Arbres s'appellent Thins ; le Bois de l'vn approche de la noirceur de l'Ebene, l'autre approche de la couleur de l'If : l'vn & l'autre tiré de ſon eſcorce eſt poly, & liſſé ; ſi ſolide, & ſi peſant, qu'il va de force au fond de l'Eau, & ſert d'Anchre à leurs Vaiſſeaux. Ils en font les colomnes, au deſſus deſquelles ils dreſſent leurs Baſtimens ; & hors du temps du Lut, ils enchaſſent des Solives, & des Planches entre ces Colomnes ; & avec des Cannes, & des Roſeaux, ils y accommodent divers appartements ; qui ſe levent au temps de ces Inondations, afin que l'Eau s'eſcoule plus librement.

Le Royaume de Tunquin eſt partie ſur la Mer, partie en Terre Ferme touche à la Mer au fond du Golfe de la Cochinchine, là où il separe la Chine de la Cochinchine. Et sur cette Coste il peut avoir cent cinquante lieües. Dans la Terre il s'estend du 17. Degré de Latitude en deçà de l'Equateur jusques au 23, qui sont encor cent cinquante lieües du Midy au Septentrion: Sa Largeur n'estant que de cent lieües, ou peu plus, d'Occident en Orient.

Ce Royaume comprend sept Prouinces, dont les trois plus Meridionales sont Bochin, Ghean & Tinhoa: les quatre plus Septentrionales, Beramar, Kedun, Kenan, & Kethay. Bochin touche à la Cochinchine, & les deux autres remontent au long du Golfe vers le Septentrion. Entre les quatre dernieres Beramar & Kedun, sont vers la Chine, Kenan & Kethay vers les Peuples Layes. Le Roy de Tunquin entretient vne milice ordinaire de 50000. Hommes, tirés des trois Provinces plus Meridionales; & payés des quatre plus Septentrionales: parce que celles-cy se revolterent, il y a quelque temps; & les autres demeurerent dans l'obeïssance: aussi les Habitans de ces trois Provinces payent bien moins de droits, que ceux des quatre: Et ces droicts se tirent par testes, & pour les Hommes seulement.

Kece ou Keccio, sous le 20 Degré de Latitude, est la capitale du Royaume; & où le Roy fait sa demeure ordinaire, on ne luy donne pas moins de vingt milles de circuit, & d'vn million de personnes. Quelques Autheurs veulent qu'elle s'appelle aussi Tunquin. i. Cour d'Occident, & que le Royaume en tire son nom. Le Terroir a de belles Campagnes, arrousées de grands Fleuves: entre lesquels les Pluyes, & la fonte des Neges, qui descendent des Montagnes, qui le separent des Layes, du Royaume de Ciocangue, de la Chine, & de la Cochinchine, le fertilisent par leur inondation; & le rendent meilleur encor, & plus abondant que celuy de Cochinchine.

Et neantmoins il n'y a point de Bled, de Vignes, d'Oliviers; mais le Ris s'y recueille deux fois l'année, dont ils font du Pain, & en tirent du Vin, & au lieu d'Huile, se servent de cette matiere qui se tire de Nids d'Hirondelles, dont ils ont quantité, comme en la Cochinchine: Ils n'ont point d'Asnes, & de Moutons; force Cheuaux, Elefans, & Rhinoceros, dont la Chair, la Peau, les Os, les Dents, les Ongles, & les Cornes servent d'Antidote contre les Venins. Ils ont tant de Poules, Pigeons, Tourterelles, & autres Volailles, qu'elles s'y donnent presque pour rien. Entre leurs Fruits, ils ont des Coins couronnés, comme nos Grenades; & outre que ce Fruit est tres-excellent, il y a vn Suc tout particulier, & delicieux dans la Couronne. Pour le Poisson ils font estat que quand le temps le permet, il sort par iour 10000 Barques de leurs Ports, pour faire la Pesche. La Religion Catholique s'y estoit tellement introduite depuis quelques années, qu'il s'y estimoit plus de 200000. Ames Chrestiennes; & qu'il y avoit 200 grandes Eglises; & quantité de Chapelles, & d'Oratoires: il y a eu du depuis diuers changemens.

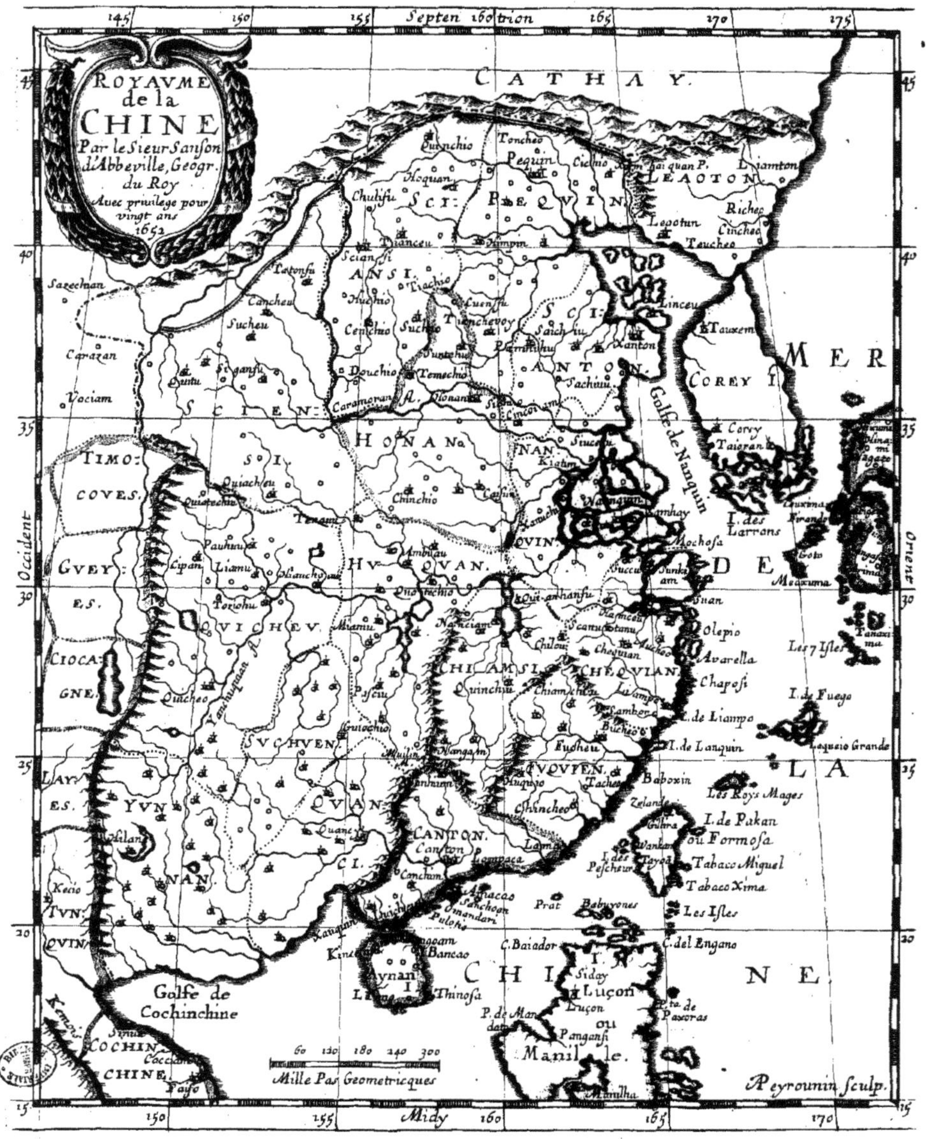
ROYAUME
de la
CHINE
Par le Sieur Sanson
d'Abbeville, Geogr.
du Roy
Avec privilege pour
vingt ans
1652
Septen trion
Midy
Occident
Orient
CATHAY.
PEQUIN
LEAOTON
COREY
MER
DE
LA
CHINE
SCIANSI
SCIANTON
SCIEN
HONAN
NANKIN
HUQUAN
QUICHEU
CHIAMSI
CHEQUIAN
SUCHUEN
FUQUIEN
QUANCI
CANTON
YUNNAN
TIMOCOVES
GUEYES
CIOCAGNE
LAYES
TUNQUIN
COCHINCHINE
Golfe de Nanquin
Golfe de Cochinchine
I. de Pakan ou Formosa
Les Roys Mages
Les 7 Isles
I. de Fuego
Lequeio Grande
Luçon ou Manille.
Aynan
60 120 180 240 300
Mille Pas Geometriques
Peyrounin sculp.

LA CHINE.

LA Chine est à l'Orient de l'Asie, & de tout nostre Continent, dont elle fait vn des plus beaux Royaumes; pour sa Grandeur, pour sa Fertilité, pour ses Richesses, pour le grand Nombre, & la Politesse de ses Habitans, pour la beauté de ses Villes, pour ses Manufactures, pour avoir eu l'Invention de la Soye, du Papier, de l'Imprimerie, & de l'Artillerie devant nous.

Ptolemée a cogneu ce pays souz le nom de *Sinarum Regio*; mais on nous remarque que les Chinois ne sçavent que c'est de ce Nom; & que quand ce grand Empire tombe d'vne Famille en vne autre, celuy qui commence vne Famille, donne au Royaume vn Nom nouveau, & tel qu'il luy plaist: & ces noms sont fort specieux; comme autresfois il a eu le Nom de Than. i. Large sans borne, Yu. i. Repos, Hin. i. Grand, Sciam. i. Ornement, Cheu. i. Parfait, & ainsi d'autres. La Famille, qui regne à present, luy a donné le Nom de Min. i. Clarté, & les derniers de la mesme Famille y ont adjousté Ta. i. Royaume; & ainsi Ta-min signifie Royaume de Clarté.

Les Peuples voisins de la Chine ne se soucient point de ces changemens de Noms: mais d'vn autre costé, les vns le nomment d'vne façon, & les autres d'vne autre; Ceux de Cochinchine, & de Sian l'appellent Cin, d'où nous avons formé le nom de Chine; les Iaponnois Than, les Tartares Han, les Sarrazins, & Mahometans de l'Occident l'appellent Cathay; sous lequel Nom est aussi comprise la partie plus Orientale de la Tartarie.

Sa Grandeur s'estend du 18, ou 19 jusques au 43, ou 44 Degré de Latitude: & du 147 jusques au 166 de Longitude, & quelquesfois du 145 jusques au 172: ce sont environ 24 Degrés de Latitude, qui valent six cent lieuës du Midy au Septentrion; & 18, ou 20, & quelquesfois 25 Degrés de Longitude, qui valent quatre, & cinq à six cent lieuës d'Occident en Orient: quelques Autheurs avoient estimé ce Royaume plus grand; mais les PP. Iesuites en ont remarqué la Hauteur de Pequin, & de ses Parties les plus Septentrionales.

Il contient seize Provinces, toutes Riches, tres-belles, & qui meriteroient le Nom, & le Tiltre d'autant de Royaumes. On les subdivise en cent vingt-huict Regions, ou moindres Provinces; dont quelques-vns ont douze, ou quinze belles Villes: entre lesquelles sont cent quatre-vingts Cités, trois cent dix-neuf grandes Villes, & douze cent soixante, & douze moindres: ce sont en tout mille sept cent soixante & vnze Cités, ou Villes. Mendoce met environ six cent Cités, & seize cent Villes, qui seroit deux mille deux cent Cités, ou Villes.

Quoy que c'en soit, il y en a vn tres-grand nombre, comme encore d'autres moindres Places: de sorte qu'en 1577 il se trouva dans la Chine plus de quarante millions d'Hommes, qui payoient le Tribut, ou la Taille: & en 1616 il y en avoit prés de soixante millions. Entre lesquels n'estoient compris les Femmes, les Ieunes Hommes au dessous de vingt ans, les Eunucques, les Soldats, les Officiers, les Gens de Lettres, & les Parents du Roy, lesquels ensemble feroient encor vn fort grand nombre.

On a fait aussi Tributaires au Roy de la Chine trois Roys vers l'Orient, cinquante trois vers l'Occident, cinquante cinq vers le Midy, & trois vers le Septentrion: ce sont cent quatorze; & on asseure que son revenu est de cent cinquante millions d'Or par an.

Les bornes de ce grand Royaume sont fort advantageux. La Mer le bagne au Midy, & à l'Orient; y ayant diverses petites Isles, & Escueils au long de la Coste: vne Montagne de cinq cent lieuës de long; & plus, & là où la Montagne manque, vne forte Muraille l'enferme vers le Septentrion, & le garde de l'incursion des Tartares; de grands Deserts Sablonneux, de grandes Forests entremeslées de Montagnes sont à l'Occident, jusqu'à la Mer du Midy: & puis hors des Tartares, & des Iapõnois, tous les Estats circonvoisins sont petits, & non capables de luy nuire, & presque tous luy sont Tributaires.

Outre l'Estenduë, le grand nombre de Peuple, & les Forces de ce Royaume, le Terroir en est fertil, & abondant en tout; & si entrecouppé de Rivieres, & de Canaux navigeables, que quelques-vns ont dit qu'il y avoit autant de Batteaux de Riviere dans la Chine seule, que dans tout le reste du Monde.

Ils ont toutes les sortes de nos Grains, & de nos Fruits, excepté l'Olive, & l'Amande; au lieu desquels ils en ont beaucoup d'autres, qui ne se trouvent par deçà: & d'ailleurs leurs Grains, leurs Fruits, & leurs Herbes sont meilleures, & leurs Fleurs plus belles, & mieux variées que les nostres: leurs Chairs, leurs Volailles, & leurs Poissons sont tres-excellens, & se servent mesme de Chameaux, de Mulets, de Chiens, d'Asnes, &c. qui doivent estre meilleurs que ceux de deçà: mais leurs Vins ne sont pas si bons, n'ont point de Lin, ont force Coton, bien qu'ils n'en ayent l'vsage, que depuis quatre ou cinq cent ans: ont vne si grande quantité de Soye, qu'ils en font vn nombre infiny de differentes sortes de Manufactures.

Ont toute sorte de Metaux, mais leur Or, & leur Argent est plus bas que le nostre: & c'est pourquoy ils font tant d'Estat des Pistolles, & des Reaux d'Espagne: ont force Rheubarbe, mais moindre que celle du Cathay: force Musc, qui seroit le meilleur du Monde, s'ils ne le falsifioient; de la Canelle, du Gingembre; leur Camfre n'approche point de la bonté de celuy de Borneo, & leurs Perles sont presque toutes Barroques: ils ont force Salpestre, dont ils font mille gentillesses, & Feux d'Artifice. Le Poivre, les Noix Muscades, l'Aloës, & les Cloux de Girofles leur viennent d'ailleurs.

Ils ont quantité de tres-belles Inventions, dont quelques-vnes nous sont communes; mais qu'ils ont avant nous : comme la disposition de leurs Postes, leur Papier, leur Imprimerie, leur Artillerie, leurs Manufactures de Soye, qu'ils disent avoir dés y a trois, ou quatre mille ans. Ils se servent de Tables, & de Sieges, quand ils mangent; & de Licts, quand ils veulent reposer, ce que leurs voisins n'ont point. Leurs Grands Chemins sont vnis, pavés, coupés, & taillés quelquefois dans les Montagnes. Ils ont du Sel, qu'ils tirent de l'Eau de la Mer, & des Mines : Sçavent bien faire le Succre, le Miel, & la Cire, qu'ils tirent de trois sortes; sçavoir des Abeilles, du Fruict de certains Arbres, & de certains Vermisseaux, qu'ils nourrissent dans les Arbres : & certe sorte est la meilleure, la plus blanche, & en Chandelle la plus claire de toutes.

Ce qu'ils ont de plus particulier est leur Boisson, qu'ils font avec les fueilles de certains Arbrisseaux; de la Gomme, & vn excellent Vernis, qu'ils tirent des Escorces d'Arbres; & leur Porcelaine, qu'ils font de Terre en la Prouince de Quiamsy; la facilité de leur Imprimerie, où ils peuvent retirer, augmenter, ou changer peu, ou beaucoup presque en vn moment; leurs Canons, qu'ils démontent par pieces; leurs Chariots, qu'ils font aller à la Voile, &c.

Toutes leurs Lettres ne sont que Caracteres, qui font autant de Syllabes; & les Syllabes font autant de Noms differents, qui signifient diverses choses · de ces Noms monosyllabes, ils en ont soixante, ou quatre-vingt mille : ils escrivent du haut en bas, advançant leurs lignes de gauche à droite : & presque toute leur Science ne consiste qu'à sçauoir bien lire.

Mais à vray dire, si nous trouvons que les Chinois sont plus industrieux, & plus polis que leurs Voisins; nous voyons aussi, qu'ils le sont bien moins que les Peuples de l'Europe : outre qu'ils sont Idolâtres, & qu'ils ne reconnoissent point la vraye Religion, ils n'ont rien dans les Sciences à l'esgard de ce que nous en avons par deçà : ils ont mille impertinences dans la connoissance des Cieux, des Astres, des Eclipses du Soleil, & de la Lune. Leurs Vaisseaux de Mer, leurs Bastimens, leurs Verres, leurs Peintures, leurs Sculptures, leurs Fontes, leurs Instrumens de Musique; leur Musique, leurs Horloges, & presque toutes leurs Inventions, ne sont point en la Perfection que sont les nostres, encore qu'ils en ayent eu l'vsage avant nous. Et en ce qui est des Armes, ils ont le courage si bas, que & les Soldats, & les Chefs se laissent foüetter, quand ils ont manqué à quelque chose de leur devoir. Aussi dit-on, que quand le Tartares les attaquent, il suffiroit de leur monstrer le Foüet, pour les mettre en fuite; comme les Scythes leurs predecesseurs firent autrefois envers leurs Serfs, qui pendant leur longue absence avoient espousé leurs Maistresses. On dit encore que les Chevaux.

Chinois ne peuvent souffrir le hannissement des Chevaux Tartares. Les Cavaliers Chinois se trouvans de la mesme humeur que leurs Chevaux, c'est le moyen de courir, non de se battre.

Au reste les Chinois ont force Livres, & Descriptions de leur Royaume: & remarquent exactement ce que toutes leurs Provinces ont de particulier: quelle est l'Estenduë, la Qualité, la Force de chacune, combien il y a de Villes; combien il y a d'Officiers, combien d'hommes qui estudient, qui portent les Armes, qui payent Tribut, & mille autres particularités; dont toutefois les Escrivains ne nous ont encore rapporté que fort peu de chose. A peine pouvons nous recueillir les Noms des 16. Provinces, de quelques Villes & Rivieres; ces Noms estans si divers en divers Autheurs, qu'il y a beaucoup de difficulté à les concilier; nous en dirons quelque chose, & en donnerons les Noms, qui nous semblent les mieux receus

La Chine se divise en deux Principales Parties; Septentrionale, & Meridionale: Nous avons six Provinces dans la Partie la plus Septentrionale, & dix dans la plus Meridionale: le Fleuve Iamchuquian traverse celles-cy, & le Caramoran celles-là. Entre les six plus Septentrionales, il y en a trois, qui sont baignées de la Mer, Leaoton, Pequin, & Scianton; & de ces trois, les deux premiers touchent à la Grande Muraille, ou Montagne: les trois autres Provinces sont en Terre Ferme: Sciansi, Sciensi, & Honan; encore de ces trois les deux premieres touchent à la Grande Muraille. Entre les dix plus Meridionales il y en a six, qui sont sur la Mer; trois vers l'Orient, Nanquin, Chequian, ou Aucheo, & Fuquien; & trois vers le Midy, Canton, Quancy & Yunnan: les autres quatre Provinces sont en Terre Ferme, Chamsi, Huquan, Suchuen; & Quicheu.

La Province Leaton est presque entierement detachée du reste de la Chine: Sa Ville Principale est de mesme nom: son Terroir produit entr'autres la Racine Ginsen, qui entretient la Force, & la Vigueur aux sains: fortifie, & remet en santé les Malades. Elle se vend communément au double poids de l'Argent. Ses Habitans sont moins polis, que le reste de la Chine; mais plus robustes, & plus propres à la Guerre.

Pequin a sa Ville Capitale Xunthienfu, que nous appellons Pequin, de mesme que la Prouince. Le Terroir, encore que bon, à peine peut fournir le Mayz, le Froment, & le Riz, qu'il faut pour la Maison du Roy, pour la Cour, & pour la Milice, qui est prés de de la personne du Roy. Vne partie des Provisions se tire des Provinces, qui sont vers le Midy: entre les Provinces de Pequin, & Leaton, Xam-hai quan est vn fameux Passage, qui fait communication de l'vne à l'autre, le reste estant presque inaccessible, à cause des Montagnes.

Scianton, ou Xanton, est entre les Provinces de Pequin, & de Nan-

Nanquin ; mais elle est plus riche en Bestail, & abondante en Fruits, que fertile en Grains : entre ses Fruits, elle a des Poires de bonne Race en si grande quantité, qu'il s'en transporte par tout le Royaume.

Sciansi, ou Xansi, que Purchas appelle Cansas, a beaucoup de Montagnes, qui causent que le Froment, que le Riz, & le Maiz n'y viennent qu'avec difficulté, & beaucoup de travail : Elle a en recompense tant de Vignes, qu'elle pourvoit tout le Royaume de Raisins secs, & cuits. Elle a encore deux sortes de Mines, l'vne de Souffre, & l'autre de Pierres qui bruslent. Aux Mines de Souffre, ils font de petites ouvertutes, pour en tirer assez de Chaleur, & faire cuire ce qu'ils ont de besoin. Les Mines de Pierres à brusler, sont inespuisables, & recroissent de temps en temps : & ces Pierres estans bien preparées, le Feu se peut entretenir jour & nuict sans y toucher.

Sciensi, ou Xemsi que Purchas appelle Soyohin, Mendoze Sinsay, est la plus advancée vers l'Occident de toutes nos six Provinces Septentrionales, & la plus grande de toutes les seize. Siganfu en est estimée la Capitale : la Grande Montagne, & Muraille la bornent d'avec les Tartares. Le Terroir y est sec ; donne neantmoins beaucoup de Froment, de Maiz, & d'Orge, peu de Riz ; nourrit force Bestiaux, & les Moutons y sont tondus trois fois l'année ; au Printemps, en Esté, & Automne, leur premiere Toison est la meilleure : donne le Musc, qui est le Nombril d'vn Animal de la grandeur d'vne Biche : de l'Or, qui se tire d'entre le Sable des Rivieres : car les Mines, bien qu'il y en ait, ne sont point ouvertes : produit divers parfums, & de la Rheubarbe, qui se portent dans la Perse, & par tout ailleurs : & c'est par cette prouince, que viennent les Caravannes de l'Occident.

Honam que Purchas appelle Oyman, est la plus temperée, & la plus fertile des six Provinces Septentrionales : aussi est-elle la plus dégagée des Montagnes, & de la Mer : elle produit les meilleurs Fruicts, & les plus excellents du Monde, tant de ceux qui nous sont connus en Europe, que d'autres : & il y en a vne si grande quantité, qu'ils se donnent presque pour rien. Le Fleuve Caramoran aprés avoir separé les Prouinces de Sciansi, & Sciensi, traverse celle de Honam par le milieu, & se descharge dans la Mer par la Province de Nanquin. Iusques icy nous avons veu les six Provinces plus Septentrionales de la Chine. Les dix plus advancées vers le Midy, sont Nanquin, Chequian, Fuquien, Canton, Quancy, Yunnan sur la Mer, Chiamsi, Huquan, Suchuen, & Quicheu en Terre Ferme.

La Province de Nanquin est la plus belle, la plus riche, & ses Habitans les mieux civilisés de tout le Royaume : & les Roys de la Chine ont tousjours fait leur residence à Nanquin, si ce n'est qu'ils se sont arrestés à Pequin depuis quelque temps. Vmthienfeu, ou Nanquin, comme nous l'appellons, ne laisse d'estre encore la plus belle,

& la plus grande de tout le Royaume. La Forme, & la Symmetrie de ses Bastimens en ses Palais, en ses Temples, en ses Portes, en ses Tours, en ses Ponts, voire mesme en ses Maisons publiques, & particulieres, & leurs Ornemens, sont merueilleux: ses Ruës sont larges, droites, & bien disposées: son Trafic, & son Commerce causent vne si grande foule de Peuple, que l'on a de la peine à marcher dans les Ruës: ses Denrées, & Manufactures sont tant en estime, qu'elles se vendent tousjours mieux que celles d'ailleurs, & tout le pays circōvoisin, fait vn nombre infiny de Manufactures: la Ville de Xanuchi a deux cent mille Mestiers pour faire de la Thoile de Coton.

Chequian, ou Cekian, que Purchas appelle Essiram, passe encore pour vne des meilleures Provinces de la Chine: les belles Rivieres, qui l'entrecoupent, & le grand nombre des bons Ports, qu'elle a sur la Coste, luy facilitent le debit de ses Marchandises: & particulierement de la Soye cruë, & preparée en Fil, & en Estoffes, qu'elle distribuë dans les autres Prouinces de la Chine, & par tout le Monde. Car les autres Provinces de la Chine n'en ont pas assez pour leur vsage: celle-cy leur en fournit plus que suffisamment, & en envoye encore au dehors. De cette Soye, il y en a vne sorte, qui se reserve pour estre employée en divers Ouvrages meslés d'Or, avec vn merveilleux artifice: & cela n'est que pour les Palais du Roy. On remarque en cette Province vn grand nombre de Temples superbement bastis, & le Lac Sihu bordé de Palais magnifiques, & environnés de Collines couvertes d'Arbres, & de Plantes rares: lieu si plaisant, & delicieux que les plus Grands, & les plus Riches de la Province y passent leur Temps, & y despensent leurs biens.

Fuquien, ou Chincheo n'est pas si fertile que Chequian, & que Canton, entre lesquelles elle est scituée: ses Habitans taschent de reparer ce deffaut par leur Negoce avec les Estrangers, & principalement au Iapon, aux Philippines, & à Formosa, ou Bell'Isle, qui est vis à vis de leur Coste. La Terre ne laisse de produire de l'Or, du Succre, de la Calambe; ils font toute sorte de papiers. Fucheu, & Chincheo sont ses principales villes. Les Habitans de Formosa, ou Bell'Isle sont presque Sauvages. Les Espagnols y ont basty vne Forteresse du costé de l'Orient; les Hollandois vne autre, qu'ils appellent Zelande du costé de l'Occidēt, & de la Terre Ferme. L'Air y est temperé, & la Terre y produit du Poivre, du Cinnamome, du Camfre, & autres Espiceries, & Drogues; & il y a quelques Mines d'Or.

Canton est vne des moindres Prouinces de la Chine en estenduë vne des meilleures, & des plus riches, à cause de la bonté de son Terroir, & de la commodité de son assiette; estant la premiere qui se presente à ceux de l'Europe, de l'Afrique, & de l'Asie, qui viennent dans la Chine. Elle abonde en Froment, en Ris, en Succre; elle a du Fer, de l'Airain, de l'Estain, dont ils font de si beaux

Vases, qu'ils vernissent de Charam, & que l'on apporte en Europe. Sa principale ville Guamcheufeu, autrement Canton, est fort peuplée, & marchande. Les Portugais y font vn grand Negoce par le moyen de Macao, & y portent diverses Estoffes de Soye, Veloux, Damas, Satins, des Draps d'Or. L'Isle d'Haynan est comprise sous cette Province, & c'est la plus grande de toutes les Isles, qui appartiennent à la Chine. Elle est esloignée de Macao du costé du Midy cinquante, ou soixante lieuës, est presque aussi Longue que Large; ayant cinquante lieuës du Midy au Septentrion, là où elle approche fort des Costes Meridionales de la Chine; & de l'autre costé elle regarde la Cochinchine. Elle abonde en Grains, Fruits, Animaux domestiques, & sauvages. La Mer y a des Perles; la Terre des Mines d'Or, & d'Argent, dont les Habitans se soucient peu. Il y a du bois d'Aigle, & de la Calambe: leurs Escrevisses, estans tirées hors de l'Eau, meurent, & durcissent en Pierre, laquelle estant reduite en Poudre, sert de remede contre divers Maux. Au milieu de l'Isle les Habitãs sont encor demy Sauvages. La principale ville est Kincenfu.

Quancy, que Purchas appelle Guansa, joüit des mesmes Temperaments que celle de Canton, porte les mesmes Denrées, & auec autant d'abondance: mais elle n'est pas si frequentée des Marchands, & n'a presque aucun abord d'Estrangers; la raison est, que ses Rivieres se perdent, & se deschargent toutes dans la Province, & à la ville de Canton; ce qui les contraint de passer par les mains de ceux de Canton, & pour debiter leurs Marchandises, & pour en recevoir d'ailleurs. Quancy est la Capitale de la Province.

Yunnan, que Purchas appelle Vanam, est la derniere du costé de Midy, où elle est baignée du Golfe de Cochinchine, & du costé de l'Occident, où elle touche au Royaume de Tunquin, & à divers Peuples au delà des Montagnes, qui ferment l'Occident de la Chine. Les Femmes ont icy la liberté d'aller en public pour vendre, & pour acheter; ce que celles des autres parties de la Chine ne font point. Il y a des Mines, qui fournissent vne espece d'Ambre plus rouge, & moins pur que le nostre; mais qui a quelque vertu particuliere contre les Fluxions. Hors de cette matiere, il se transporte peu de Marchandises de cette Province.

Chiamsi, ou Kiamsi, que Purchas appelle Lansay, est au Nord de Canton, & à l'Occident de Cequian, & de Fuquien: elle est fort serrée de Montagnes, qui ont leurs Passages ouverts aux Provinces circonvoisines; & particulierement du costé de Canton, à la Montagne de Muilin, il y a vn tres-grand concours pour la voiture des Marchandises, qui se transportent de Canton à Nanquin: ce qui se fait en remontant la Riviere de Canton jusques au pied de la Montagne: d'où la Voiture estant retirée du ventre des Vaisseaux, se charge, & se porte sur le dos des Hommes, jusques à l'autre costé de la Montagne ; où il se trouve vne autre Riviere navigable, qui traverse la Province de Kiamsi, jusques à ce qu'elle tombe dans le fameux Iamchuquiam ; qui meine à Nanquin, & à la Mer. Au reste, cette Province est si peuplée qu'vne partie de ses Habitans sont contraints de s'espandre par toutes les autres Provinces de la Chine, pour servir à ce qui se rencontre : & c'est dans l'vne des villes de cette Province que se fait la Pourcelaine; l'Eau si rencontrant propre, pour y donner la perfection : la Terre se tire d'ailleurs, se pestrit, & se façonne en mesme temps: la Teinture que l'on y applique plus communément, est l'Azur, quelques-vns la font avec Vermeillon, d'autres avec le Iaune.

Huquam est si abondante en Ris, qu'elle en peut fournir vne bonne partie de la Chine: elle est encore riche en Huille, & en Poissons. Le Iamchuquian & plusieurs autres Rivieres, & Lacs la traversent de tous costés, & trāsportent ses Denrées, vers Nāquin, & vers Quicheu.

Suchuen, que Mendose appelle Susuan, Purchas Soin, est vne des moindres Prouinces du Royaume : elle est dans vne haute assiette, & qui verse toutes ses Rivieres dans les Provinces circonvoisines.

Quicheu, ou Quicheo, ou encor Cutcheu, selon Purchas avec sa ville principale de mesme Nom, est vne des plus grandes de tout le Royaume. Elle avoisine les Peuples Timocoües, Gueyes, le Royaume de Ciocangue, & les Peuples Layes; où est ce fameux Lac Cincui Hai, d'où sortent diverses Riuieres, qui arrousent la Chine. Il se fait en cette Province quantité d'Armes de toutes sortes, pour s'en servir contre ces Peuples, qui avoisinent, & qui ont esté de la Chine ; mais qui leur sont le plus souvent Ennemis à present.

Toutes ces Provinces, ou plustost tout le Royaume de la Chine est gouverné par divers Magistrats, que ceux de l'Europe appellent en General Mandarins. Ce sont Personnes de Lettres, que le Roy, ou que les principaux Officiers de l'Estat choisissent ; aprés avoir reconnu leur Capacité, & leur Probité. Les Degrés qui se donnent aux Gens d'Estudes; Les Gouvernemens Generaux, & Particuliers; les Charges de la Milice ; la Receptе, & le Maniement des Finances ; la Construction, & la Reparation des Bastimens publics ; la Iustice pour le Ciuil, & pour le Criminel, &c. sont entre leurs mains: & il y a Appel des vns aux autres, suivant l'ordre, & la nature des Affaires: le Conseil d'Estat reside prés de la personne du Roy, & a l'œil sur le General du Royaume.

Mais nous n'avons pas dessein de rester plus long-temps dans la Chine : finissons en disant, que nous l'avons descrite, comme elle estoit auparavant que les Tartares y eussent fait irruption en 1618. Ces Tartares l'ont tenu quelque temps presque toute entiere : à present les Chinois les repoussent, & se restablissent dans leur premier Estat ; & y reçoivent mesme le Christianisme, avec apparence d'vn tres-grand Fruict.

CONSIDERATIONS SVR DIVERSES Cartes, & Relations de la Chine. *

LA Carte de la Chine; que je donne dans ce traicté de l'Asie, est tirée de celle, qui est dans les Relations de Purchas Anglois. I'avois dessein d'en donner vn autre dans cette seconde impression; ayant veu depuis peu diverses Cartes de la Chine, grandes, belles, & plus particulieres, que celles que j'auois veu auparavant; la difference neantmoins, que i'ay recognu dans toutes ces Cartes, m'a fait surseoir ce changement; jusques à ce que le temps me fasse voir celle qu'il faudra suivre; ou ce qu'il faudra tirer des vnes, & des autres.

I'ay veu dés y a long-temps, & depuis peu, diverses Cartes de la Chine; Il y en a vne fort grande dans la Bibliotecque du Roy, que Messieurs du Puy m'ont fait voir il y a vingt ou vingt-cinq ans. Elle est en caracteres Chinois, auec diverses figures de Mandarins dans le corps de la Carte: le plan en est fort grossier, & se peut dire ridicule. Ce qui est à remarquer, cette Carte est beaucoup plus haute du Midy au Septentrion, que longue d'Occident en Orient; & je crois que la Carte de la Chine, qui est dans les vieux Atlas, en a esté tirée.

Il y a quinze ou seize ans que j'ay veu vne autre Carte de la Chine, entre les mains d'vn particulier. Elle estoit de quatre ou cinq pieds de hauteur, & de trois ou quatre de largeur; toute en caracteres Latins, auec la distinction des Provinces; les Places serrées, & peut-estre aussi ample que quelques vnes des autres, qui sont plus grandes. Cette Carte estant tombée du depuis en diverses mains, je ne l'ay pû revoir, quelque recherche que j'en aye fait. Si l'idée ne m'en manque point, la Chine y estoit encor plus haute du Midy au Septentrion, que longue d'Occident en Orient: moins que celle qui est dans la Bibliotecque du Roy, plus que celles que nous voyons à present.

Dans les Relations de Purchas Anglois il y a vn abbregé de Carte de la Chine, abbregé où plustot Squelette de Carte. Les noms & la distinction des Prouinces y sont seulement; & la marque de plusieurs Quarrez, & de quantité de Ronds pour les grandes, & moindres Villes, sans vn seul nom. C'est neantmoins de cette Carte, que j'ay pris le Plan de la mienne. Ie l'ay rendu peu plus haute du Midy au Septentrion que longue d'Occident en Orient, contre la forme de celle de Purchas; mais approchant de celles, qui sont dans la Bibliotecque du Roy, dans les Atlas, & que j'avois veu entre les mains de ce particulier: & i'y ay adjoûté quelques noms de Villes pris d'ailleurs.

Depuis deux ou trois ans, j'ay veu trois diverses Cartes de la Chine, toutes grandes, belles, & plus particulieres, que celles que j'avois dé-ja veu. Celle du P. M. Ruggiery, qui est dans la Bibliotecque de S. A. R. Monseigneur le Duc d'Orleans, & dans le Palais d'Orleans;

celle du P. Martinius gravée en Hollande par Blaeu, & qui fait à present vn des Volumes de son Atlas : & celle du P. Bouyn, qui a esté proposée au feu sieur Mariette Pere, pour la faire graver, & donner au jour ; dans l'estime que son Autheur en vouloit faire, comme de la meilleure, & de la plus exacte qu'il y eut encor eu. Et ce qui est à remarquer, les Autheurs de ces trois Cartes, tous Iesuites ; & les Cartes toutes approchans d'vn quarré, & qui n'a pas plus d'estenduë du Midy au Septentrion que d'Occident en Orient.

Celle du P. Ruggiery est fort grande, & autant embellie que Carte que j'aye veu depuis long-temps. Cét Autheur divise la Chine en ses quinze ou seize Provinces, distingue par tout les Villes plus considerables du Pays en trois sortes ; En grandes, moyennes, & petites Villes fermées ; qu'il appelle Fu, Ceu, Hien : fait mention dans son advis au Lecteur, qu'il y a encor d'autres places non fermées, & qui ne sont que pour la demeure de la Milice, & des Officiers : appelle Huy celles qui sont pour la Milice, Su celle des Officiers : se contente de mettre & distinguer dans sa Carte les Fu, les Ceu, les Hien ; neglige la plus part du reste, comme places non considerables.

Le P. Martinius décrit la Chine en plusieurs Cartes, pour les reduire plus facilement en livre. La premiere est la generale, divisée en ses quinze ou seize Provinces ; puis il décrit ces quinze ou seize Provinces en quinze ou seize autres feuilles, chaque feuille faisant sa Province ; subdivise chacune de ses Provinces en plusieurs moindres parties, ou Iurisdictions ; & dans son Discours fait vn dénombrement des plus grandes Villes, des moyennes, & petites, qui sont dans la Iurisdiction de ces plus grandes. Outre les Fu, les Ceu, & les Hien, il met encor les Places pour la Milice, & pour les Officiers ; qu'il trace dans sa Carte, & qu'il dit dans ses Escrits estre en Forteresses ; contre l'opinion du P. Ruggiery, & de presque tous les autres, qui ne les estiment point fermées.

Le P. Bouyn distingue aussi sa Carte de la Chine en quinze ou seize Provinces, comme ont dé-ja fait Ruggiery, & Martinius ; ne remarque point la subdivision de ces Provinces en leurs moindres parties ou Iurisdictions, comme Martinius seul a fait ; ne distingue pas nettement les Fu, les Ceu, les Hien, comme ont fait Ruggiery, & Martinius ; encor que souvent ceux-cy ne s'en accordent pas bien ensemble ; remarque seulement les Fu, ou les plus grandes Villes, par vn quarré |□| ; confond tout le reste sous la figure d'vne ovale o, ou d'vn rond O, comme a fait Purchas : de sorte que les Ceu, & les Hien Villes fermées ; encor les Huy, & les Su fermées, ou non ; & ce qu'il y a de plus, sont figurées par ces Ovales, ou ces Ronds ; qu'il fait de diverses grandeurs, suivant qu'il rencontre plus ou moins d'espace à les ranger ; mais qui ne distinguent point les moyennes, & les moindres Villes fermées ; ny les Places ouvertes, ou de Milice, & ce qu'il y a encor de moins cōſiderable. Cette Carte, a de plus que les autres les Caracteres Chinois avec les Latins, aux nōs des Villes, des Riuieres, &c.

Ces trois Autheurs ayans eſté dans la Chine des vingt & tant d'années chacun, l'ayant traverſée preſque de tous coſtés, & peu en tirer de tres-bons memoires; il ſemble que du moins ils devroient s'accorder en ce qui eſt de l'eſtenduë du Pays en general; s'accorder dans la forme, & dans la grandeur des Provinces les vnes à l'égard des autres; dans les noms, le rang, le nombre, & la ſcituation des principales Places; dans le cours des Rivieres, dans la grandeur, & la forme des principaux Lacqs, &c. C'eſt là où j'ay trouué tant de differences, que des trois tres rarement les deux ſe trouuverront d'accord.

La Chine du P. Ruggiery commence au 18, & s'advance juſques au 51 degré de latitude; commence au 128, & s'advance juſques au 170 degré de longitude, où il finit la Prouince de Leaotum: ce ſont 33 degrés de latitude & 42 de Longitude.

La Chine du P. Martinius commence encor au 18. mais il ne l'advance que juſques au 41 degré de latitude; commence ſa Longitude apres le 125, & la finit au 151, ce ne ſont que 23 degrés de latitude, 26 de Longitude.

La Chine du P. Bouyn eſt entre les 17, & 46 ½ degrés de latitude; & entre les 113, & 143 de Longitude: ce ſont preſque 30 degrés de latitude, & 30 de longitude.

Le P. Semedo qui a eſcrit l'Hiſtoire de la Chine, & qui a paſſé comme les autres, vingt & tant d'années dans le Pays, ne luy donne que 19 degrés de latitude; ne parle point de ſa longitude: qui ne peut eſtre que de 20, ou 22 degrés; pour la faire égale, ou à peu prés à ſa latitude, comme ont fait les autres.

Suivant ces obſervations le P. Ruggiery donne à la Chine 33 degrés de latitude, le Pere Bouyn 30, Le Pere Martinius 23, & le P. Semedo ſeulement 19. Et pour la Longitude le P. Ruggiery donne à la Chine 42 degrés, le P. Bouyn 30. le P. Martinius 26. Semedo 20. ou peu plus. Et cependant Semedo trois lignes au deſſous de là où il ne donne que 19 degrés de latitude à la Chine, ne laiſſe de l'eſtimer auſſi grande en continence que toute l'Europe entiere.

Il faudroit que l'Europe ne fuſt qu'environ la moitié de celle de Martinius, que le tiers de celle de Bouyn, & que le quart de celle de Ruggiery: puiſque la Chine de Ruggiery eſt d'enuiron quatre fois autant, celle de Bouyn trois fois, celle de Martinius deux fois autant, que pourroit eſtre celle de Semedo. Cette difference eſt trop ſenſible pour n'en rien dire. Dans l'Europe l'Eſtat ſeul du Grand Duc de Moſcovie eſt auſſi grand comme toute la Chine. Sans la Moſcovie, & ſans la petite Tartarie, l'Europe a encor plus de 36 degrés de latitude, & 50 de longitude.

Auparavant que de quitter ce general, nous pouvons encor remarquer que les degrés de Latitude, & de Longitude sont mal tracés dans les Cartes des P. P. Ruggiery, & Bouyn: l'vn & l'autre ont fait les degrés de Longitude égaux à ceux de Latitude: encor les degrés de Longitude sur les 40, & 50 paralleles égaux à ceux qui sont sur le 18, ce qui ne peut estre. Les Degrés de Latitude sont par tout égaux les vns aux autres, & c'est pourquoy on les appelle Paralleles: mais les Degrés de Longitude ne sont iamais égaux à ceux de Latitude, si ce n'est dessous l'Equateur. En quittant l'Equateur, & en allant vers les Poles, ces Degrés de Longitude s'estrecissent tousjours à certaine proportion, & de plus en plus à mesure qu'ils approchent de ces Poles, où ils se rencontrent. Dessus le 18 ou 20 Parallele, ou Degré de Latitude, ceux de Longitude perdent environ vne quinziesme partie à l'égard de ceux de Latitude: Dessus le 48 Parallele ou degré de Latitude, ceux de Longitude sont vn tiers moindres que ceux de Latitude, & dessus le 60, moindres de la moitié: De sorte que dés les 18, ou 20 Parallele les 16 Degrés de Longitude ne valent que 15 de ceux de Latitude; & dessus le 48 Parallele les 15 degés de Longitude ne valent que 10 de Latitude, &c.

Suivant cette raison le deffaut qui est dans la Carte du P. Ruggieri, se peut voir facilement. Il la commence au 121 degré de Longitude, & la finit au 181, ce sont 60 degrés de Longitude, qu'elle porte & en bas, & au haut de la Carte. Si ces Degrés avoient esté mis dans la proportion, qu'ils doivent auoir à raison de ceux de Latitude, qui sont dans la mesme Carte, leur nombre auroit augmenté de quelques degrés en bas, & de beaucoup plus, au haut de la Carte. Dessus le 18 ou 20 Parallele il y auroit eu non pas 60 degrés de Longitude, mais 64; & dessus le 52 Parallele, il y en auroit eu non pas encor 60, mais prés d'vn cent.

La Carte du P. Bouyn est dans le mesme deffaut: non pas celle du P. Martinius, soit qu'il ait sçeu mieux que les autres la proportion des Longitudes auec les Latitudes, soit que ses Cartes ayans esté gravées, & imprimées dans la Hollande, il y a des Personnes en ces quartiers, qui ont manié trop de Cartes, pour ne pas sçavoir cette proportion. Passons à vne autre consideration touchant la forme, & la grandeur de quelques Provinces de la Chine.

Leaotum dans Purchas a sa forme presque quarrée, porte environ 50 lieuës de long, & autant de large. Dans Martinius Leaotum est beaucoup plus longue d'Occident en Orient que du Midy au Septentrion; porte prés de 100 lieuës de longueur, & seulement 25, ou 30; quelquefois 50. de largeur. Dans Ruggiery Leaotum a plus de 400 lieuës en sa longueur & 50, 75, quelquefois prés de 200, en sa largeur. Leaotum dans Bouyn est presque semblable à celle de Rugieri n'en considerant que la seule partie la plus Orientale; & porte aussi 200 lieuës de long, & de large. Ces considerations au reste sont suivant

vant les degrés, que ces Autheurs ont donné à leurs Cartes. Ces Cartes estans reduites dessus vn mesme pied, & dessus mesmes degrés, cela fera vn autre effect; mais elles n'en seront pas moins dissemblables.

La Province de Scianton dans Martinius est peu moindre en continence que celle de Pequin, ou que celle de Honam, ou que celle de Nanquin, qu'elle avoisine. La mesme chose se trouverra dans Ruggiery, la mesme dans Purchas. Le P. Boüyn bien eloigné de ce compte, ne luy donne en continence qu'environ le tiers, ou le quart de l'vne ou de l'autre de toutes ces Provinces. Et d'ailleurs, le mesme P. Bouyn fait la Province de Sciensi, trois ou quatre fois plus grande que la plusspart des Provinces, qui luy sont circonvoisines; & que tous les autres font presque semblables en grandeur, ou peu moindres que celle de Sciensi. La Prouince de Vquan dans Purchas, dans Martinius, & dans Bouyn touche à celle de Canton; dans Ruggiery elle en est eloignée de 150. lieuës, diverses autres Provinces s'advançans entre les deux. Passons aux Villes.

Nous avons dit que dans la Chine les Villes se considerent en trois Rangs, qu'ils appellent Fu les plus grandes, Ceu les moyennes, Hien les moindres. Tous les Autheurs, qui escrivent de ce Pays, ne manquent pas de remarquer cette distinction; & de dire combien il y a de Fu, combien de Ceu, combien de Hien dans chaque Province. Et c'est ce que les Cartes du Pays nous devroient exactement remarquer: mais les vns ne conviennent pas le plus souvent de la quantité de chacune sorte de ces Villes, encor moins les autres dans leurs Noms, dans leurs Rangs, dans leurs Positions, & dans les distances qu'elles ont entr' elles.

Dans la Province de Canton qui est la plus proche de nous, & qui nous doit estre la mieux cognuë, nos trois Cartes sont d'accord du nombre des Fu, non pas des Ceu, encor moins des Hien. De ces Fu .i. de ces grandes Villes, dont ils sont d'accord du nombre, les Noms des Places, leurs Positions, & leurs Distances sont bien differentes. Haeycheu dans Martinius est dans vne distance presqu' esgale entre Quangcheu capitale de la Province, & Caocheu la plus Orientale de la mesme Province. Dans Ruggieri Civiceu, qui respond à Hoeycheu, est presque vne fois plus prés de Quanceu que de Ciauceu, qui respond à Caocheu. Dans Bouyn, Hoeycheu est cinq ou six fois plus prés de Quanceu que de Chaocheu. Chaoceu au reste, & Ciauceu, & Caocheu sont vne mesme Place; Haeycheu, Civiceu, & Hoeycheu vne autre mesme Place.

Xaocheu dans Bouyn est esgalement distante de Quamcheu Capitale de la Province, & de Nanhium la plus Septentrionale de la mesme Province; Xaocheu dans Martinius est deux fois plus éloignée de Quancheu, que de Nanhung; Ciaceu dans Ruggieri est trois fois plus eloigné de Quanceu que de Naniun. Ce Ciaceu au reste ne peut respondre qu'au Xaocheu des autres. Mais dans

Bouyn Nanhiun la plus Septentrionale de la Province de Canton est peu au dessus du 26. Parallele, ou degré de latitude; Yumcheu la plus Meridionale de la Province de Huquam, est peu au dessous de ce mesme Parallele: posé qu'elles soient dessus vn mesme. Nanhung dans Martinius est peu au dessus du 25, Iungcheu entre le 26, & le 27; Naniun dans Ruggieri est encor peu au dessus du 25, Iuenceu dans la Province de Vquam est au delà du 32, ce sont prés de 200 lieuës de difference seulement pour la latitude. Laissons ces contrarietés qui ne se peuvent voir que dans les Cartes particulieres de la Chine, qui la pluspart ne sont pas encor au jour. Venons à ce que tout le monde peut voir.

Non seulement les Autheurs ne sont pas d'accord en ce qui est de la grãdeur du Royaume, & des Provinces de la Chine; en ce qui est des Noms, du Nõbre, de la Position des Villes, &c. ils en sont de mesme dans la qualité de ces Provinces, & dans les singularités du Pays.

Semedo dit que la Province de Sciansi est couverte de Montagnes, qui la rendent sterile en Froment, beaucoup plus en Ris, & encor davantage en Maiz; mais en recompense qu'elle est si chargée de Vignes, qu'elle pourvoit tout le Royaume de Raisins secs.

Martinius dit que la Province de Sciansi n'est pas si grande que les autres (Purchas, Ruggieri, & Bouyn la font aussi grande, ou plus que la pluspart des Provinces circonvoisines, voire que diverses autres Provinces de la Chine) mais agreable, & saine. Et bien que Montagneuse en plusieurs endroits, qu'elle ne laisse d'estre cultivée, y ayant force Campagnes entre les Montagnes, le Terroir bon par tout, & de rapport; avec abondance de Froment, quantité de Bestail, peu de Ris, mais en eschange force Millet, dont le commun se sert : produit des Raisins les meilleurs &c.

Yunnan, à ce que dit Semedo, contient vn grand Pays : mais elle a fort peu de Marchandises, & ne croit point qu'il s'en transporte aucune chose, si ce n'est la matiere dont on fait les grains de Chapelets, que les Portuguais nomment Alhambras, & les Castillans Ambares; espece d'Ambre moindre que le nostre.

Martinius touchant la mesme Province, dit que la Noblesse, la Grandeur, l'Affluence, & la quantité des choses precieuses, qui s'y trouuent, la font estimer avec raison vne des premieres, sinon en rang, au moins entre les principales Provinces de la Chine, dit qu'elle est la plus riche, que l'Or s'y amasse dans le Sable des Rivieres; qu'elle donne des Rubis, des Sapphirs, des Agathes, des Perles, & autres Pierres precieuses; qu'elle abonde en Musc, Soye, Benjoin, &c.

Semedo met la Province de Scianton sous le 23 degré d'Elevation du Pole (il veut dire 36 ou environ, puisque cette Province est entre celles de Nanquin qu'il a desia mis au 32, & Pequin qu'il met peu apres au 40.) & dit qu'elle est pauvre, & disetteuse.

Martinius tout au contraire, dit que la quantité des Rivieres, des

Lacs, & des Ruiſſeaux, rend le Terroir de ceſte Province fertil, & fort abondant en tout ce qui eſt neceſſaire; non ſeulement en Bled ou Ris, mais en Millet, Froment, Orge, Febves, Phaſeoles, & en toute ſorte de Grains : qu'il y a des Campagnes ſi fertiles, que la Recolte d'vne bonne année peut ſuffire pour dix autres de ſuite, & en pourvoir encor d'autres Provinces: dit encor des merveilles, &c.

Finiſſons toutes ces contrarietés par l'Animal qui donne le Muſc. Les PP. Semedo, Martinius, Bouyn, & autres l'eſtiment de la forme, & preſque auſſi grand qu'vn Cerf, hors qu'il ne porte point de Bois, & que ſon Poil eſt beaucoup plus brun. Le P. Pantoie Ieſuite, qui a eſté auſſi dans la Chine, & qui en envoya diverſes Cartes, des y a prés de cinquante ans, entre les Advis qu'il donne au P. Louis de Guſman, touchant l'Eſtat de la Chine, les Mœurs de ſes Habitans, & les Raretés du Pays; dit que l'Animal qui donne le Muſc, eſt ſemblable à vn Chat Sauvage ; & que la Chaſſe s'en faiſoit prés de Pequin, là où il eſtoit en 1602. Il y a de la difference entre vn Cerf, & vn Chat ſauvage. Il eſt vray que M. Paul de Veniſe compare auſſi l'Animal, qui donne le Muſc, à vn Chat; & dit que ſon Poil eſt fort & eſpais, comme celuy d'vn Cerf: mais j'auray touſiours raiſon de dire qu'il y a de la difference entre vn Cerf, & vn Chat; quelque ſauvage qu'il ſoit, quelque poil qu il porte.

Crainte que le temps & que la Place ne nous manque pour voir vne difficulté plus importante que celles cy-deſſus, voyons avant que finir, ſi ceux qui prennent *Sinarum Regio*, & *Serica Regio*, encor le Cathay & la Chine pour vn meſme Pays, voyons, dis-je, s'ils ont raiſon.

Depuis quelque temps les PP. Ieſuites veulent que tous ces Noms ſoient pour la Chine ſeule. Et je trouue que *Sinarum Regio*, & que *Serica Regio* ſont desja deux Pays differents dans Ptolemée, y ayant entre-deux *Sericus Mons*, qui eſt la fin de cette fameuſe Montagne, qui ſous divers Noms traverſe toute la longueur de l'Aſie, & la coupe en deux Parties preſqu'eſgales. Et ce *Sericus Mons* ne peut reſpondre qu'à ceſte grande Montagne, qui aujourd'huy ſepare la Chine de la Tartarie. De ſorte que *Sinarum Regio*, qui eſt au Midy de ceſte Montagne, conviendra avec la Chine, & cela ſans difficulté. Mais *Serica Regio*, qui eſt au Septentrion de la meſme Montagne, ne pouvant plus convenir avec la Chine, reſpondra à ceſte partie de la Tartarie, qui eſt au deſſus de la Chine, partie de Tartarie, que la pluſpart des Hiſtoriens, & des Cartes appellent le Cathay.

Que *Sinarum Regio*, & *Serica Regio* ſoient Pays differents, cela ſe peut encor verifier par Strabon, Stephanus, & autres; qui font auſſi deux Peuples differents de *Seres*, & de *Sinæ*. Il eſt vray que Strabon eſcrit *Thinæ* au lieu de *Sinæ*, & c'eſt à la façon de Ptolemée, qui donnant le nom de la principale Ville des Peuples *Sinæ* eſcrit auſſi *Thinæ* dans le texte Grec, que les Interpretes Latins diſent *Sinæ*, comme le nom du Peuple. Stephanus de Vrbibus fait auſſi mention de *Seres*, & de *Sinæ* comme Peuples differents ; dit que *Seres* sont *Gens Indica*, dont Vranius ancien Autheur a fait mention 3. Arabicôn. Et ailleurs fait mention de *Sinæ* Peuple, & de leur principale Ville *Sinæ*, qu'il tire de Marcianus Heracleotes. Ceste difference de *Serica Regio* & de *Sinarum Regio* demonstrée, reste de voir si le nom de Cathay peut respondre à la Chine.

Les PP. Iesuites le veulent croire, parce que quelques-vns de leurs Peres disent l'avoir ainsi recognu. Mais Nassir Eddin Mathematicien, & Geographe Persan, & dont il se fait vn grandissime estat dans tout l'Orient, encor Vlug Beig Cham Tartare, ont traicté l'vn & l'autre de la Geographie en langue Arabesque : & ceux-cy doivent cognoistre bien mieux l'Orient, que qui que ce soit de deçà. Ils descrivent Chan-Balig, qui respond tres-evidemment à Cambalu, que Marc Paul de Venise estime la principale du Cathay, à 20 degrés de latitude plus au Septentrion, c'est à dire à 500 lieuës de Panju, qu'ils estiment la demeure du Roy de la Chine, ou comme ils disent, de Sin. Ceste grande distance entre Cambalu dans le Cathay, & Panju dans la Chine, fait voir qu'il y a raison de croire que le Cathay, & que la Chine sont deux Pays differents : & d'ailleurs, ce que nous avons tiré de Ptolemée, de Strabon, & de Stephanus nous ayans fait cognoistre que *Sinarum Regio*, & que *Serica Regio* sont deux Pays differents ; Il y a aussi raison de croire suivant la disposition de toutes ces Regions, que le Cathay doit respondre à l'ancienne *Serica Regio*, comme la Chine à l'ancienne *Sinarum Regio*. Retournons à nos Cartes & à nos Memoires de la Chine.

I'ay fait ces Observations pour donner à cognoistre qu'il n'y a guere d'asseurance à la pluspart des Relations, qui viennent de loing. Si ces PP. qui sont d'vne Compagnie des plus celebres, qu'il y ait aujourd'huy dans la Chrestienté ; & là où sont le plus grand nombre, & les plus habiles Escrivains du Temps ; apres avoir esté plusieurs années dans la Chine, veu la Cour, communiqué avec les plus Sçavants, & recueilly les plus beaux Memoires du Pays, que l'on asseure y estre tres particuliers, & tres-exacts : Si, dis-je, ces PP. sont si differents, & le plus souvent si contraires les vns aux autres, dans la Description, & dans la Relation des mesmes choses, qui doibvent estre cognuës : que pouvons nous esperer dans ce que l'on nous dit de certaines Regions, dont le nom à peine peut avoir veu le jour, & là où il n'y a ny lettres, ny police ? Disons neantmoins pour la deffense de ces PP. que leur principal but n'ayant esté que pour introduire, & advancer le Christianisme, dans la Chine : Les Cartes & les Memoires qu'ils nous en ont donné, sont tirés de divers Autheurs du Pays, qui les ont mis au jour plus ou moins exacts, suivant leur capacité ; que nous sçavons à present n'estre pas dans le poinct, que l'on nous a voulu faire croire autrefois.

LA GRANDE TARTARIE
Par le S.r Sanson d'Abbeville
Geographe du Roy
Avec privilege pour 20 ans
1652.
OCEAN SEPTENTRIONAL
MER DE MOSCOVIE
MER DE TARTARIE
TARTARIE DESERTE
LA CHINE
L'INDE
MOGOL
TIBET
Echelle de 600 M. Pas Geometriq.
Peyrounin sculp.

LA TARTARIE, OV TATARIE.

LA Tartarie, ou Tatarie occupe la partie plus Septentrionale de toute l'Asie, & s'estend d'Occident en Orient depuis les Rivieres de Volga, & d'Oby, qui la separent de l'Europe, jusques au Destroit de Iesso, qui la separe de l'Amerique : & du Midy au Septentrion, depuis la Mer Caspienne, le Fleuve Gehon, & les Montagnes de Caucase, d'Vssonte, &c. qui la separent des parties plus Meridionales de l'Asie, jusques à l'Ocean Septentrional, Glacial, ou Scythique. Sa Longueur estant depuis en deçà le 90 iusques au delà du 180 Degré de Longitude, qui est la moitié de nostre Hemisphere ; & sa Largeur depuis le 35, ou 40, jusques au 70, ou 72 Degré de Latitude, qui est la moitié de la Largeur de toute l'Asie. Sa Continence sera de quinze cent lieuës d'Occident en Orient, & de sept ou huict cent du Midy au Septentrion.

Sa Position est presque toute entiere dans la Zone Temperée : & neantmoins ses Parties plus Meridionales estans desja dans le milieu de cette Zone Temperée, & le reste s'advançant jusques à la Froide, ou Gelée : & de plus ses parties plus Meridionales estants presque tousjours bornées par de tres-hautes Montagnes, du costé du Midy ; qui retiennent la chaleur vers le Midy, & le froid vers le Septentrion ; nous pouvons dire, que la Tartarie en general a sa Temperature beaucoup plus froide que Temperée.

Ses voisins sont les Moscovites à l'Occident ; les Perses, les Indiens, ou Mogoles, & les Chinois vers le Midy ; le reste est baigné de la Mer, dont nous avons peu de connoissance ; les vns mettent vers l'Orient le Destroit d'Anian, qui la separeroit de l'Amerique ; les autres le Destroit de Iesso, qui la separeroit de la Terre, ou de l'Isle de Iesso ; qui est entre l'Asie, & l'Amerique, comme nous dirons aprés le Iapon : les vns encor estimans l'Ocean Septentrional d'vne façon, & les autres d'vne autre.

Le nom de Tartarie est tiré apparemment de la Riviere, & du Quartier, ou de la Horde de Tartar ; d'où ces Peuples estants sortis ont couru, & se sont fait connoistre dans toutes les parties de l'Asie : les autres disent de Tatar, ou Totar ; qui signifie en Syriac Reste, ou Delaissé : parce qu'ils les estiment estre le Reste des Iuifs, dont les dix Tribus furent transportés en Medie par Salmanazar. Il faudroit adjoûter que du depuis, ces dix Tribus auroient passé de la Medie dans la Scythie, ce qui ne s'est point remarqué par les Anciens. Quoy que c'en soit, les Perses encor appellent ce Pays Tatar, & ses Peuples Tatarons, les Chinois Taguis.

Ie divise la Tartarie entiere en cinq principales Parties ; qui seront la Tartarie Deserte, l'Vsbeck ou Zagathay ; le Turquestan, le Cathay, & la vraye Tartarie : La premiere, & la derniere sont les plus

Septentrionales, barbares & inconnuës. Les autres trois plus Meridionales, sont les mieux civilisées, & les mieux connuës: y ayant nombre de belles Villes, & où il se fait beaucoup de Negoce.

La Tartarie Deserte respond à l'ancienne *Scythia intra Imaum*; l'Vsbeck, ou Zagathay aux anciennes *Bactriana*, & *Sogdiana*; l'vn & l'autre nom nouveau, ayans ce me semble encor quelque chose de l'ancien; *Sogdiana* du Zagathay, *Bactriana* d'Vsbeck. Le Turquestan respond à l'ancienne *Stythia extra Imaum*. Le Cathay à la *Serica Regio*. Quant à la vraye Tartarie elle a esté inconnuë aux Anciens; ou bien elle tient les parties plus Septentrionales de l'vne, & de l'autre Scythie.

La Tartarie Deserte est bornée à l'Occident par les Rivieres de Volga, & d'Oby, qui la separent de la Moscovie; à l'Orient par le Mont Imave, qui la separe de la vraye Tartarie, & du Turquestan; au Septentrion par l'Ocean Septentrional; au Midy par la Mer Caspienne, ou de Tabarestan, par le Fleuve Chesel, & par quelques Montagnes qui se joignent avec l'Imave, & la separent de l'Vsbeck, ou Zagathay. Tout le Pays est habité par Peuples, ou Tribus: ce sont troupes, ou bandes, qu'ils appellent Hordes, n'ayans presque point de places fermées, & où ils ne se retirent qu'au besoin: car ils n'ont point de demeure fixe, & arrestée. Ils vagabondent perpetuellement; portent, & roulent quand & eux leurs Chariots, leurs Tentes, leurs Familles, & tout ce qu'ils possedent: ne s'arrestent que là où ils trouvent la plus belle, & la plus agreable Pasture pour leurs Bestiaux; qui est ce à quoy ils s'adonnent le plus, puis à la Chasse, & à la Guerre: ne cultivent point la Terre, quand mesme elle seroit bonne & fertile: & c'est de là qu'on appelle cette Tartarie, Deserte. Entre ses Hordes celle de Nagaya est vne des plus fameuses; mais qui rend quelque Tribut au Grand Duc de Moscovie, à qui vne partie de cette Tartarie Deserte appartient aussi.

L'Vsbeck, ou Zagathay s'estend depuis la Mer Caspienne jusques au Turquestan, & depuis la Perse, & l'Inde jusques à la Tartarie Deserte: occupe ce qui est sur les Rivieres de Chesel, ol. *Iaxartes*, & de Gehon, ou d'Albiamu ol. *Oxus*. Ses peuples sont les plus civils, & les plus adroits de tous les Tartares Occidentaux: ayant grand Commerce avec les Persans, de qui ils ont esté quelquesfois sujets, quelquesfois Ennemis, & quelquesfois en bonne intelligence, & avec les Indiens, où ils ont encore quelquesfois à démesler, & avec le Cathay, où ils debitent de leur Manne fort estimée, en retirent de la Soye, qu'ils manefacturent chés eux, & la vendent en Moscovie. Leurs plus belles Villes sont Samarcand, Bochara, & Badaschian, encor Balck, selon quelques-vns; mais que j'estime dans le Chorasan, qui a esté à diverses fois entre les mains des Chans d'Vsbeck. Badaschian est aussi sur la frontiere du Chorasan. Bochara, ou Bachara, d'où estoit Avicenne vn des plus fameux Philoſophe, & Medecin qu'il y ait eu dans tout l'Orient. Samarcande lieu de la naiſſance du Grand Tamerlan & qu'il avoit enrichy des plus belles deſpoüilles de l'Aſie, & orné d'vne Academie celebre, & qui eſt encor en reputation parmy les Mahometans.

Le Turqueſtan eſt à l'Orient de l'Vſbeck, ou Zagathay, à l'Occident du Cathay, au Septentrion de l'Inde, & au Midy de la vraye Tartarie. Il ſe ſubdiviſe en quelques Royaumes, dont les plus connus ſont Caſcar, Cotan, Cialis, Ciarchian, Thibet, &c. vne partie de leurs Villes Capitales eſtans de meſme nom. Quelques-vns toutesfois nomment Hiarchan, au lieu de Caſcar, & Turon, ou Turphon, au lieu de Cialis, pour Chefs de ces Royaumes. Celuy de Caſcar eſt le plus riche, le plus fertil, & le mieux cultivé de tous, celuy de Ciarciam eſt eſtimé le moindre, & tout Sablonneux; ayant en recompenſe force Iaſpes, & Caſſidoines : mais celuy de Caſcar a auſſi de la Rheubarbe excellente, & en quantité. Ceux de Cotan, & de Cialis ont du Bled, du Vin, du Lin, de la Chanvre, du Coton, &c. Thibet eſt le plus advancé vers les Mogoles de l'Inde, & le plus engagé dans les Montagnes d'Imave, du Caucaſe, & d'Vſſonte. Il y a force animaux Sauvages, du Muſc, de la Canelle; & ſe ſervent de Corail au lieu de Monnoye. Les Relations qui en auoient eſté données en 1624. & 1626. nous avoient fait cét Eſtat ſi grand, & ſi riche, qu'ils le vouloient confondre avec le Cathay : mais celles de 1651. en font la Region tres-froide, & touſjours couverte de Neiges; eſtiment ſon Roy tout Barbare, & moins puiſſant que celuy de Serenegar, qui n'eſt qu'vn Rahia entre les Eſtats du Gr. Mogol : tant il y a peu d'aſſeurance à la pluſpart de ces Relations.

Le Cathay eſt la partie la plus Orientale de toute la Tartarie; & en eſt eſtimé le plus riche, & le plus puiſſant Eſtat : il eſt contigu au Turqueſtan vers l'Occident, à la Chine vers le Midy, à la vraye Tartarie vers le Septentrion, & baigné à l'Orient du Deſtroit de Ieſſo.

Quelques-vns eſtiment tout le Cathay ſous vn ſeul Monarque, ou Empereur, qu'ils appellent Chan, ou Vlucan. i. Grand Chan : & le diſent vn des plus grands, & des plus riches Princes du Monde. Les autres y eſtiment divers Roys, mais tous ſujets de ce Grand Chan. Le Pays eſt fort frequent, bien cultivé, ſuperbement baſty, & abondant en tout ce qui ſe peut deſirer. Ils font Cambalu ſa Ville principale de dix lieuës (autres diſent vingt) de circuit : hors duquel ils luy donnent douze grands Faux-bourgs, & vers le Midy vn Palais Royal tres-ſuperbe, encor de dix, ou douze lieuës de circuit. Tous les Tartares, les Chinois, les Indiens, les Perſes trafiquent fort en cette Ville.

Les Royaumes, ou Parties plus renommées du Cathay, ſont Tanguth, dont la Ville Capitale eſt Campion; où les Caravannes des

Marchands s'arrestent ; ne leur estant permis d'aller plus avant : & ce Royaume a force Rheubarbe. Tenduc avec sa Ville de mesme nom, fournit force Draps d'Or, d'Argent, de Soye, de Camelots, &c. & on estime que le Prestre-Iean demeuroit en ces quartiers ; y ayant encor vn Roy particulier, & Chrestien, mais Nestorien, & sujet au Grand Chan. Thainfur est connu pour le grand nombre de ses Peuples, pour l'excellence de ses Vins, pour la bonté de ses Armes, de ses Canons, &c. Au reste tous les grands Voyageurs content merveilles de la grandeur, de la puissance, & de la magnificence de ce Grand Chan : de l'estenduë de ses Estats, des Roys qui luy sont sujets, de tant d'Ambassadeurs, qui sont tousjours prés de luy ; de la reverence, & du respect qu'on luy porte ; de la force, & du nombre infiny d'hommes, qu'il peut mettre en ses Armées : mais cela est si éloigné de l'Europe, qu'à peine le pouvions nous croire, jusques à ce qu'il ait fait voir ses forces en 1618, ayant occupé les Ports, & les Passages de cette fameuse Montagne, & Muraille, qui separe la Tartarie de la Chine ; jetté vn nombre infiny d'hommes dans ce grand Royaume ; pris, & pillé ses plus belles Villes, & presque toutes ses Provinces ; reduit le Roy de la Chine à se retirer dans Canton ; & ne plus posseder qu'vne, ou deux de ses Provinces : mais les Relations de 1650 font rentrer le Roy de la Chine dans la pluspart de ses Estats.

La vraye, & ancienne Tartarie est la plus Septentrionale de toutes les parties de la Tartarie prise en general, & ainsi la plus froide, la plus inculte, & la plus barbare de toutes : & neantmoins c'est celle d'où sont sortis les Tartares environ l'an 1200 de nostre Salut ; & qui s'estans rendus Maistres de six Hordes les plus voisines de la leur, se sont fait connoistre, & ont porté leurs Armes, & leur domination dans les plus grandes, & les plus belles parties de l'Asie : c'est celle-là où on suppose les restes des dix Tribus, qui furent transportés en Medie ; & disent que les noms de Dan, de Nephtalim, & de Zabulon s'y trouvent encore : mais il est facile de forger des noms tels qu'on voudra dans vn Païs tout inconnu. Les Royaumes, Provinces, ou Hordes de Mongul, de Bargu, de Tartar, de Nayman, &c. sont les plus connuës : quelques Autheurs y mettent Gog & Magog, que d'autres placent entre l'Estat du Mogol, & de la Chine ; & qui seroient vers Maug au dessus du Lac de Chiamay.

Les principales richesses de la vraye Tartarie consistent en leurs Bestiaux, & en leurs Fourrures : entre lesquelles il se fait estat de leurs Ours blancs, de leurs Renards noirs, de leurs Martres Zibelines, &c. Ils vivent ou de Laict ou de Chair, dont ils ont abondance ; ne se soucient ny de Fruicts, ny de Grains ; & en vn mot sentent encor leur ancien Scythe. Quelques-vns d'entr'eux ont leurs Roys, d'autres vivent par Hordes, ou Communautés ; presque tous sont Pastres, & la pluspart sujets du Grand Chan du Cathay.

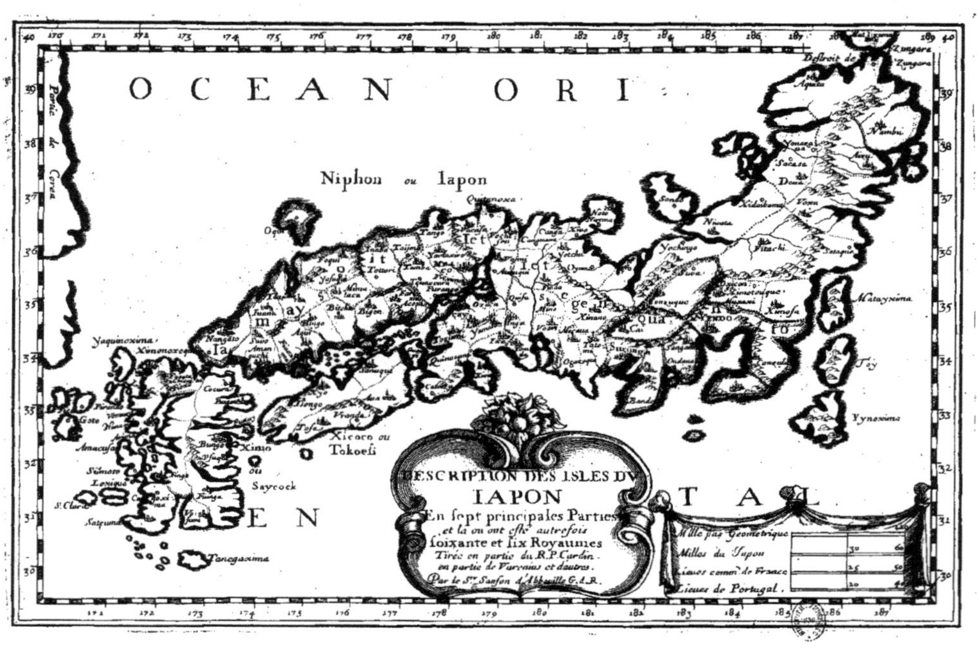
DESCRIPTION DES ISLES DV IAPON
En sept principales Parties
et là ou ont esté autrefois
soixante et six Royaumes
Tirée en partie du R.P. Cardin.
en partie de Varenius et d'autres.
Par le Sr. Sanson d'Abbeville G. d. R.
OCEAN ORI
EN
TAL
Niphon ou Iapon
Xicoco ou Tokoesi
Ximo
Saycock
Tanegaxima
Yaquinoxima
Yynoxima
Toy
Mataqxima
Destroit de Zungara
Zungara
Porte de Corea
Mille pas Geometrique
Milles du Iapon
Lieues comm. de France
Lieues de Portugal

LES ISLES DE L'ASIE.

LEs Isles de l'Asie sont en aussi grand nombre, & aussi grandes, riches, & peuplées qu'il y en ait dans tout le reste du Monde. Elles sont esparses çà & là dans le grand Ocean Oriental, ou Indien, & pour la pluspart aux environs des Indes. Ie les divise en cinq Corps, ou en cinq parties, & appelle Isles du Iapon, celles qui sont à l'Est de la Chine; Isles Philippines, celles qui sont au Sud-Est encor de la Chine; Isles Molucques, celles qui sont au Sud des Philippines; Isles de la Sonde, celles qui sont à l'Oüest des Molucques; & je mets pour la cinquiesme partie, Ceylan, & les Maldives, qui sont à l'Est, & au Sud-Oüest du Cap de Comori, derniere pointe du Malabar. Il y a encor plusieurs Isles, qui appartiennent à l'Asie, mais qui ne sont plus à comparer avec celles-cy, & nous en avons touché vn mot là où l'occasion s'en est presentée.

Les Isles du Iapon sont en deçà le Tropique du Cancer, les Philippines entre ce Tropique, & la Ligne Equinoctiale; les Molucques, & les Isles de la Sonde, & les Maldives sont aux environs de cette Ligne, en retournant de l'Orient en Occident.

LES ISLES DV IAPON.

NOvs appellons l'Isle, ou les Isles du Iapon, certain amas de plusieurs, & diverses Isles Grande, Moyennes, & Petites, qui sont à l'Orient de la Chine; en estant éloignées de presque cent lieuës: & ainsi elles se trouvent au delà de la partie plus Orientale de nostre Continent. Elles ont ensemble la Longueur de sept ou huict cent mille pas Geometriques, ou trois cent de nos lieuës communes, d'Occident en Orient: & du Midy au Septentrion cent, deux cent, & quelquesfois prés de trois cent mille pas Geometriques, ou quarante, cinquante, soixante, & quelquesfois cent lieuës de Largeur.

Entre ces Isles, il y en a trois de plus considerables; vne fort grande, & deux moyennes: toutes les autres sont fort petites à leur esgard, & sont rangées avec quelques-vnes de ces trois. La premiere, & qui est de beaucoup plus grande que les deux autres, s'appelle par nous Iapon ou Iapan, par ses habitans Hippon ou Niphon, qui signifie Source de Lumiere, ou du Soleil: nom qui luy convient, puis qu'elle est à l'Orient, & au Soleil Levant de toute l'Asie, & de tout nostre Continent. La seconde s'appelle Ximo. i. Pays-bas, ou Saycok. i. neuf Royaumes: La derniere Tokoesi, ou Chicock. i. quatre Royaumes.

Encor faut-il faire estat que ces trois grandes Isles sont entrecoupées de divers Canaux, qui les subdivisent en plusieurs Isles; mais parce que ces Canaux sont fort estroits, ces parties sont estimées pieces contiguës à l'esgard des autres, là où les Canaux, ou plustost les Bras de Mer, qui les divisent, sont beaucoup plus larges.

Entre ces trois Isles, la premiere seule a deux cent cinquante lieuës en sa Longueur, & de l'Occident en Orient; de Largeur trente, quarante, cinquante, & quelquesfois prés de cent lieuës : La seconde a soixante & quinze lieuës du Midy au Septentrion ; La troisiesme cinquante ou soixante lieuës d'Occident en Orient ; & la Largeur de ces deux dernieres n'est tout au plus que de la moitié de leur Longueur.

La Temperature de ces Isles doit estre plus chaude que froide, & semblable à celle d'Andalousie, de Grenade, & de Murcie en Espagne; à celle de Sicile prés l'Italie; & à celle de Crete ou Candie prés la Grece, qui est tres-bonne : & neantmoins on y remarque & le chaud, & le froid presque excessifs, chacun en leurs Saisons : l'Air ne laisse d'y estre sain, & le Terroir fertil, bien que montagneux : Il s'y trouve presque de tous les Fruits, Arbres, Herbes, & Animaux qu'il y a dans l'Europe; & quelques autres de plus. Il y a des Mines d'Or, d'Argent, & de tous autres Metaux, encor que non si bons comme dans les Indes; si ce n'est l'Argent, qui y est & excellent, & abondamment. Leurs Perles sont grosses, rouges, & non moins estimées que les blanches. Ils ont force Riz, dont ils font leur principale nourriture, du Millet, peu de Froment; leur Orge est blanche & tres-excellente & s'en transporte vne grande quantité dans toutes les parties de l'Orient.

Meaco est au milieu de la Grande Isle du Iapon; belle ville, & grande. Les PP. Iesuites estiment y avoir eu autresfois cent quatre-vingt mille Maisons, & qu'il y en avoit encor prés de cent mille, lors qu'ils y ont esté. Le Dayri, ou Voo I. Empereur, le Roy de la Tenze, ou le Cube Chef de la Milice, encor le Iaca, ou Xaca Chef de leur Religion, y ont eu leur residence. La Ville est divisée en haute & basse; l'vne & l'autre ensemble n'avoient pas moins de 20 M P de long, & 8 ou 10 M P de large. Le Palais du Dayri estoit dans la haute, grand, superbe, & avec toute sorte d'Ornemens : & les Hostels ou Palais de ses Conges, & les Maisons des principaux Seigneurs de tout le Iapon estoient aux environs de celuy de l'Empereur. La Basse Ville estoit presque contiguë à Fuximi, qui a servy de Forteresse à Meaco. Nobunanga brûla vne partie de cette Ville en 1571, & du depuis encor elle a receu diverses secousses de la mauvaise Fortune. Amanguci ville Maritime, & la plus belle du Royaume de Nangato, a esté cy-deuant fort connuë, marchande, & ne contenoit pas moins de dix mille Familles : Elle fut brûlée en 1555 pendant quelque revolte, s'est rebastie, & s'est encor brûlée, & rebastie du depuis : ces Incendies arrivent souvent dans le Iapon, la pluspart de leurs Bastimens estans de bois; mais de beaux bois ondés, marbrés, &c. Nangasaki a esté la plus fameuse de l'Isle de Saycock, ainsi il y grand nombre de belles Villes par tout le Iapon.

Entre ces Villes il n'y a rien de plaisant comme celle de Saçay, au Midy de Meaco: où Fernand Mendés Pinto (pourveu qu'il ne mente point) dit avoir reconnu qu'elle ne dependoit d'aucun Roy, ou Seigneur; qu'elle se gouvernoit d'elle-mesme, & en forme de Republique; creoit tous ses Magistrats, & Officiers, & asseuroit que les Chefs de Famille de tous ses Habitans, Riches ou Pauvres, se faisoient appeller chez eux Roys, & Reynes; & leurs Enfans Princes & Princesses: cette liberté, & cette vanité sont remarquables, si elles sont veritables.

Entre les Montagnes du Iapon il y en a deux fort connuës. Figenoiama à quatre lieuës de Meaco, renommée pour sa hauteur, qui s'élance bien avant dans les nuës; & Fuy ou Fuy-can dans le Royaume de Hietchu, qui vomit du Feu en abondance, comme quelquesfois Ætna en Sicile, le Vesuve prés de Naples, & les Isles de Volcan, & de Strongoli, entre celles de Lipara: Le diable s'y fait voir en diverses formes, mais seulement à ceux qui ont jeusné certain temps, & fait diverses austerités, & achevé le vœu qu'ils ont fait pour ce sujet.

Le Pays a des Eaux chaudes & medecinales en plusieurs endroits. Les Eaux communes y sont fort saines; aussi les Habitans y sont de belle taille, dispos, judicieux, plus enclins aux Armes qu'aux Lettres; encor qu'ils reussissent bien aux vnes & aux autres: & ils ont plusieurs Academies & Vniuersités. Leurs Armes sont estimées les plus excellentes de toutes les Indes, & comme ils sont beaucoup plus vaillans, & aguerris que les Chinois, plus patiens dans les fatigues; vn de leurs derniers Roys ne conceut pas moins que de pouvoir conquerir la Chine, & y fit passer pour ce dessein deux ou trois cent mille hommes, qui n'en rapporterent que force butin.

Mais on remarque beaucoup de deffauts dans leur Gouvernement, & dans leur façon de vivre. Le grand nombre de leurs Roys, & de leurs Princes, qui taschent tousjours de s'agrandir; les Revoltes, & Souslevemens ausquels tous ces Peuples sont fort sujets à la moindre occasion; la forme du principal Gouvernement, qui est presque tout Tyrannique; le peu de soin qu'ils ont de l'Agriculture, & de nourrir des Volailles chez eux, & des Troupeaux à la campagne, font que souvent ils manquent de Vivres, & de ce qui leur est besoin.

On remarque encor qu'ils ont beaucoup de Mœurs, & de Coustumes differentes, & souvent contraires aux nostres, & mesme à celles de leurs voisins. Quand ils sortent du logis ils y laissent leur Manteau, & ne le reprennent que quand ils y rentrent; nous le quittons estans au logis, & ne le reprenons que quand il en faut sortir: rencontrans vn amy ils le saluënt en secoüant, & se deschauſſant les Pieds, & nous le ſaluons en nous découvrant la Teſte: en chemin faiſant ils donnent la main gauche, l'eſtimant la plus honorable, & nous croyons que c'eſt la main droite. Recevans vn amy chez eux ils demeurent aſſis contre terre, & nous nous tenons debout juſques à ce que celuy qui nous vient voir, ſoit aſſis; La Terre couverte de leurs Nattes leur ſert de Lict, de Table, de Siege (car ils ſe ſoûtiennent ſur leurs Genoüils, & ſur cette Natte quand ils mangent.) Noſtre Lict, noſtre Table, & noſtre Siege ſont éleués hors de terre, quand il faut repoſer ou manger: ils font eſtime des Cheveux noirs, & des Dents noires; nous des Cheveux blonds, & des Dents blanches: ils montent à Cheval de droite à gauche, nous de gauche à droite; ils mettent le nom de la Famille devant leur nom propre, & nous le propre nom deuant celuy de la Famille. Ils ne veulent pas que les Femmes qu'ils prennent en mariage leur apportent aucuns biens, icy on ne recherche que celles, qui en ont beaucoup. Dés que leurs Femmes ſont mariées, elles n'ont plus la liberté de ſortir de la maiſon, icy elles en ont plus qu'auparavant. Le Noir leur eſt ſigne de Ioye, & le Blanc de Deüil; le Noir eſt noſtre Deüil, & le Blanc & les couleurs les plus hautes, la Ioye: leurs plus belles Tapiſſeries ſont de Nattes propres, minces, bien tiſſuës, & de diverſes couleurs; les noſtres ſont de Laines, de Soyes, & quelquesfois rehauſſées d'Or & d'Argent. Leurs Baſtimens de Pierre n'ont ny Mortier, ny Ciment: icy il ne ſe baſtit rien ſans l'vn ou l'autre: ils meſpriſent toutes ſortes de Pierreries, & font beaucoup d'eſtat de leurs Vaiſſeaux, & Pots de terre, qui ſervent à faire leur Boiſſon, nous faiſons peu d'eſtat de toutes ces Vaiſſelles, & Poteries, & beaucoup plus des Pierreries: ils ne boivent rien que chaud, & nos delicats veulent du plus frais: leurs Medicamens ſont doux & odiferans, les noſtres amers, & deſagreables: ils ne ſe font jamais tirer de ſang en leurs maladies, ce qui eſt fort commun, & ſe fait à la moindre occaſion par deçà, &c.

Et ne manquent de belles raiſons pour ſoûtenir leurs Coûtumes meilleures que les noſtres: & diſent qu'il faut conſeruer ſon ſang, comme vn des principaux ſoûtiens de la vie; qu'il faut donner à vn malade ce qui ne peut eſtre deſagreable, non ce qui luy fait peine, & quelquesfois horreur à voir & à boire; que l'Eau chaude augmente la chaleur naturelle, ouvre les conduits, & eſtanche la ſoif; la froide reſſerre les porres, irrite la toux, affoiblit l'eſtomac, & eſtaint la chaleur naturelle: que leurs Vaiſſeaux, dont ils font tant d'eſtat, ſont neceſſaires à beaucoup de choſes dans la Famille, non les Pierreries: que leurs Baſtiments ſe peuvent démonter facilement, ſe porter ailleurs, & ſe redreſſer d'vne autre façon, quand ils veulent; non pas les noſtres, qui demeurent comme ils ont eſté baſtis, &c.

En fin, ils eſtiment nos façons de faire auſſi ridicules, comme nous

eſtimons

estimons les leurs : & si quelquesfois nous voulons contester avec eux sur ce sujet, ils sçavent bien nous respondre, & nous donner le change.

Entre leurs Mœurs, il y en a quelques-vnes, qui sont veritablement tres-bonnes : ils haïssent les jeux de hazard, sont fort patiens dans les revers de Fortune, se maintiennent honnestement dans leur Pauvreté, ne se laissent emporter aux Passions, ne médisent des absens, ne sçavent ce que c'est de jurer, de mentir, de desrober, souffrent facilement les incommodités du chaud, du froid, de la faim, de la soif : & tout cela neantmoins pour acquerir plustost l'honneur d'estre constans, & vertueux, que pour l'estre veritablement : car ils sont sujets à plusieurs vices aussi bien que leurs voisins. Mais quittons leurs Mœurs, & disons vn mot de leur Gouvernemenr : depuis quelque temps, il s'y est rencontré vn meslange qui merite d'estre connu.

L'Estat General de toutes ces Isles estoit n'agueres diuisé en *66* Royaumes ; dont la grande Isle du Iapon seule en faisoit les 47 : & avec quelques petites Isles voisines iusques à 53. celle de Ximo, ou Saycock en faisoit neuf, comme son nom le porte ; & Chicock les quatre de reste.

A present cét ordre est beaucoup changé : l'Estat entier est retombé entre les mains d'vn seul, comme il a esté autresfois ; & se divise en sept Provinces, ou principales parties ; & ces sept Parties se subdivisent en plusieurs autres, qui doivent passer sous le nom de Seigneuries : mais dont les vnes retiennent encor le nom de Royaumes : les autres de Duchés, Principautés, &c.

Ceux qui commandent dans ces moindres parties, s'appellent generalement Tones. Caron les range en six degrez differents, & les appelle Roys, Ducs, Princes, Chevaliers-Barons, Barons, & Seigneurs: Ie les voudrois distinguer à nostre mode en Princes, Ducs, Comtes, Marquis, Barons, & Seigneurs : Caron met vingt & vn Roys ; mais qui possedent vn ou deux, & quelquesfois trois, & en tout jusques à trente & tant de Royaumes de ces soixante & six anciens. En suitte des Roys il donne quatre Ducs, six Princes, dix-sept Cheualiers-Barons, quatre-vingts & dix Barons, & quarante & vn Seigneurs : & leur donne de revenu par an, au moindre cent mil livres ; & en augmentant jusques au plus grand dix millions de livres & plus : & fait estat que le Cube, ou Cesar du Iapon, despense prés de trois cents millions de livres par an, tant pour la despense de sa maison, & de sa Milice, que pour ce qu'il faut distribuer aux Tones.

Les noms des sept principales parties, esquelles l'Estat du Iapon est divisé, sont Saycock, Chicock, Iamaysoit, Ietsengo, Ietsegen, Quanto, & Ochio. Saycock auec les Isles qui luy appartiennent, est la plus proche de la Chine : Chicock est à l'Orient de Saycock. Les autres cinq parties sont dans la grande Isle, & s'estendent en s'advançant de l'Occident en Orient. Iamaysoit estant la plus Occidentale de toutes, & respondant aux douze Royaumes, que le Roy de Nangato, ou d'Amanguci a possedé autresfois. Ietsengo & Ietsegen, ensemble feront le milieu de la Grande Isle, & apparemment ce qui a passé sous le nom de la Tenze, qui en comprenoit vingt autres. Quanto, & Ochio s'advancent à l'Orient jusques au destroit de Sangaar, qui divise le Iapon de la Terre de Iesso, dont nous traitterons incontinent; Quanto comprenoit huict Royaumes, & Ochio le reste.

Mais parce que cette diversité de noms de Dayri ou Empereur, de Cube ou Cesar, de Tones ou Roys, Ducs, Princes, &c. pourroit donner quelque confusion; pour en donner vne connoissance plus particuliere, disons succinctement, qu'auparavant nostre année 1500, il n'y avoit dans tout le Iapon qu'vn seul Souverain qu'ils appelloient Voo, ou Dayri, c'est à dire, Empereur.

Ces Empereurs ont regné vn long-temps, sans que leurs Sujets ayent eu la pensée de faire aucune revolte: il y a environ cent cinquante ans, que s'estans laissé emporter dans les Delices, & dans la Faineantise; & ayans laissé le maniement des affaires entre les mains d'vn Prince, qu'ils appelloient Cube, & cette charge ayant esté vne fois donnée au second Fils de l'Empereur (l'Aisné devoit estre le Dayri) & vne autre fois donnée au second, & au troisiesme Fils pour l'exercer alternatiuement de trois ans en trois ans; l'vn des deux s'estant voulu maintenir en cette charge, sans la remettre à son compagnon, l'Empereur fut contraint d'y employer les armes, pour ramener ce Rebelle à la raison: ce qui ne s'estant pû faire que par la mort du Rebelle, l'autre restant seul en cette charge, en devint si insolent, que le Dayri fut encor contraint de s'en deffaire; mais par vn Prince qui n'estoit point de sa Famille, & qui ne manqua de tenter aussi tost la Fortune; en se voulant maintenir dans la charge du Cube; malgré le Dayri: ce qui causa vne troisiéme Guerre Civile; si longue & si Funeste, qu'en fin l'Estat fut divisé en presqu'autant de Souverainetés qu'il y avoit de Gouvernemens particuliers.

Tous ces petits Souverains s'appellerent Roys, ont esté absolus envers leurs sujets; & ne rendoient plus que certains devoirs & respects au Dayri, à qui ils ne laisserent que le nom de Dayri, ou Empereur, & le pouvoir de leur conceder certains Tiltres & Degrés d'honneur, moyennant lesquels ils luy donnoient des presens si grands, & si en grand nombre, qu'il en pouuoit subsister avec toute sorte d'honneur, & de Majesté, sans se mesler des affaires.

Tel estoit l'Estat du Iapon environ 1550. mais comme il est difficile que plusieurs Souverains esgaux se maintiennent long-temps dans vne mesme esgalité, ces petits Roys se sont fait la guerre, & se sont assujettis les vns les autres, jusques à ce que le plus habille, & le plus fort s'est acquis la principale authorité; & dans la Police, & dans les Armes: & a repris la place, & la charge de Cube, sans plus despendre du Dayri, ou Empereur. Voire, & à la fin ont esteint la race des Dayri, se sont rendus Maistres absolus de tout l'Estat du Iapon, ont reduit les Royaumes en Provinces, ont distribué, ou partagé les Provinces, & toutes les parties aux Tones, & estably par tout vn Gouvernement tel qu'ils ont voulu : ont choisi leur principale demeure à Iendo ou Iedo, qu'ils ont tellement embelly dedans & dehors, avec ce que les Princes du Iapon ont basty tout autour, & couvert leurs Palais de lammes d'Or, comme est celuy du Cube, que de loing, il ressemble plustost à vne Montagne d'Or, qu'à vn Bastiment. Iedo est dans la Province de Quanto, & à cent vingt mille pas de Meaco ; y ayant entre-deux vne vingtaine de Palais, ou Maisons Royales, toutes belles & superbes : Mais le plus beau Palais aprés Iedo, est celuy d'Osaca sur la Mer, & au Midy de Meaco.

Ce qui est deplorable pour le Christianisme est, que les derniers Cubes, ou Roys du Iapon l'ont persecuté dequis 1614. jusques à present : & ce avec tant de cruauté, & de Barbarie, qu'il n'y en reste presque plus aucune marque ; y ayant neantmoins quelque apparence qu'il s'y pourra restablir avec le temps, puis que la pluspart de leurs voisins quittent l'Idolatrie, & se portent heureusement au Christianisme. Les PP. Iesuittes, & autres Religieux y avoient porté, & presché le Christianisme dés y a cent ans, & ce à la faveur des Portugais, qui y faisoient vn grand negoce.

Les Portugais neantmoins ne sont pas les premiers de l'Europe, qui ayent descouvert le Iapon : c'est celle-là mesme que Ptolomée appelle *Iabadij* I. *Hordei Insula* ; Isle de l'Orge, & qu'il dit estre *feracissima, & auro abundans* ; tres-fertile & abondante en Or ; & dont il appelle la Ville Metropolitaine *Argentea* ou *Argyra* : c'est celle-là mesme que Marc Paul Venitien appelle *Zypangri*, qu'il place au devant de la Chine, comme a fait Ptolemée ; & là il dit y auoir beaucoup d'Or, & que le Toict du Palais Royal y est couvert de feüilles de lammes d'Or, & que les Chambres & Cabinets y sont lambrissés d'Or : là où il dit, qu'il se trouve des Perles rondes, grosses, & rouges : & qui ne valent pas moins que les blanches, qu'il y a des Pierreries, &c. Et bien que la position du Iapon ne convienne point entierement auec celle que Ptolemée donne à sa *Iabadij Insula*, ny à celle que Marc Paul donne à sa *Zypangri* : toutes les autres particularités que ces Autheurs y ont remarqué se trouvans encor aujourd'huy dans le Iapon, & non ailleurs, je ne fais aucune difficulté de dire que ces Isles respondent les vnes aux autres.

TERRE DE IESSO.

Apres les Isles du Iapon, disons vn mot de la Terre de Iesso, Yedzo, ou Sesso : car divers Autheurs en escrivent le nom diversement : & les vns l'appellent Isle, les autres Terre au dessus, & à l'Orient du Iapon

De la façon que les Anglois, que les Portugais, & que les Hollandois la descrivent, il faut que cette Terre s'estende depuis l'Asie jusques à l'Amerique: ils disent que du Tessoy, qui est sa pointe la plus Occidentale, vis à vis du Coray, & prés de la Tartarie, en advançant vers l'Orient, il y a soixante journées jusques à la Province de Matzumay; & que de Matzumay jusques à la pointe plus Orientale, & la plus proche de l'Amerique, il y a encor quatre-vingt dix journées de chemin, ce seroit cent cinquante journées d'vne extremité à l'autre; à vingt mille pas Geometriques, ou huict lieuës seulement par jour; ce seroit trois mille fois mille pas Geometriques, ou trente fois cent mille pas Geometriques, qui sont douze cent de nos lieuës communes. Il ne se parle point de sa Largeur.

Le Destroit du Tessoy, qui separe cette Isle de la Tartarie, a de grands Courants, causés par la descharge de plusieurs Rivieres, qui viennent des Terres plus Septentrionales, & de la Tartarie, & de Iesso. L'autre Destroit, qui la separe de l'Amerique, sera vray-semblablement celuy d'Anian: & ces deux Destroits ferment les deux extremités de Iesso. Vers le milieu doit estre la Province de Matzumay, & apparemment au delà du Destroit, qui separe l'Isle du Iapon, de la Terre de Iesso: & ce Destroit se peut appeller Destroit de Sangaar, qui est la partie du Iapon, la plus advancée vers l'Orient.

La Traverse, ou Traject de ce Destroit, n'est que de dix ou douze lieuës; autres disent seulement dix ou douze milles, autres encor disent que ce n'est point vn Destroit, mais vn Isthme, qui attache le Iapon avec le Iesso; & que l'vn & l'autre ensemble ne sont qu'vne Isle: tant il est difficile de puiser la Verité, en ce qui est si esloigné de nous.

Cette Isle ou Terre de Iesso estant si grande, & si vaste, il ne peut que ses Habitans ne soient de differentes mœurs: & que ceux qui seront les plus proches du Iapon, ressembleront aux Iaponois, ceux qui seront prés de la Tartarie, ressembleront aux Tartares; qui de l'Amerique, aux Americains leurs voisins; & vray-semblablement encor ils seront plus Barbares que tous leurs voisins.

Ils sont tous Idolatres, se couvrent de la peau des Animaux, qu'ils ont pris à la chasse; ont le corps fort velu, portent la Barbe & les Moustaches fort longues: sont guerriers, cruels, & formidables aux Iaponois: estans en guerre ils n'ont autre remede à leurs blesseures, que de les laver avec de l'eau salée.

Le Pays est peu habité, il seroit riche s'il estoit mieux cultivé; il y a force Mines d'Argent, force Pelleteries & Fourrures excellentes, ce qui fait voir que la Terre s'advance vers le Septentrion. Ils ont quelque negoce avec Aquita, qui est sur la coste plus Orientale du Iapon; mais ceux d'Aquita vont rarement en Iesso, parce qu'il n'y a point de eureté de demeurer, & de se fier à ces Barbares.

LES

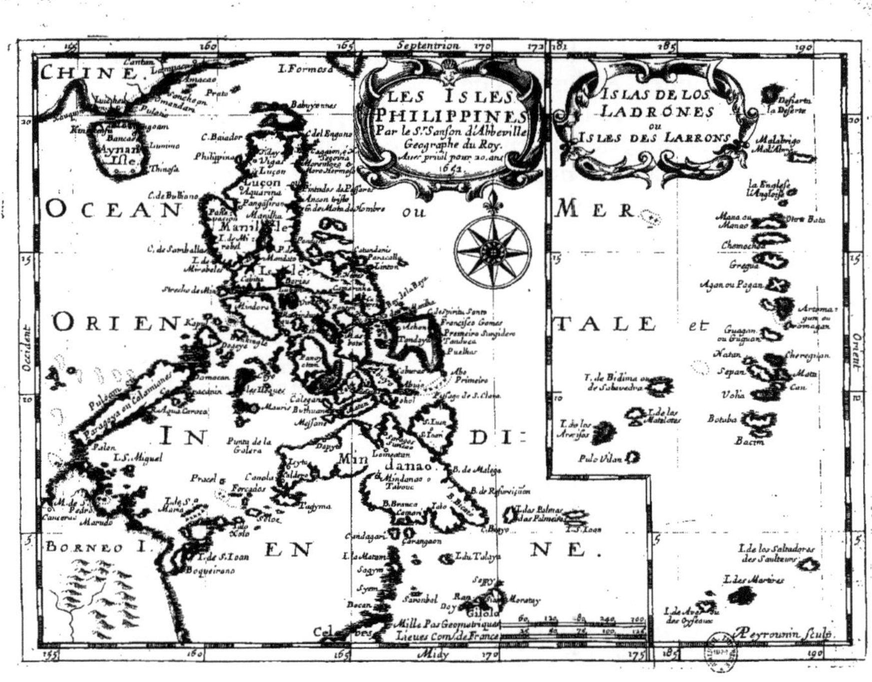
LES ISLES PHILIPPINES
Par le S.r Sanson d'Abbeville Geographe du Roy.
Avec privil. pour 20. ans
1652
ISLAS DE LOS LADRONES
ou
ISLES DES LARRONS
OCEAN
ORIEN
TALE et
IN
DI
EN
NE.
MER
ou
CHINE.
Septentrion
Midy
Occident
Orient
BORNEO I.
I. Formosa
Mindanao
Mille Pas Geometriques
Lieues Com. de France
Peyrounin sculp.

LES ISLES PHILIPPINES, OV DE LVÇON, ET DES MANILLES,

LEs Isles Philippines, sont ainsi appellées par les Castillans, parce qu'ils les ont conquis sous Philippes II. Roy de Castille : les Orientaux les appellent Isles de Luçon, à cause de la plus grande, & de la plus fameuse de ces Isles, qu'ils appellent Luçon, la principale Ville de cette Isle s'appellant aussi Luçon : les Portugais les appellent Manilles, de la Ville de Manille, aujourd'huy capitale de l'Isle de Luçon. Elles sont dans l'Ocean Oriental, au Midy de la Chine, à l'Orient de l'Inde, au Septentrion des Moluques, & à l'Occident des Isles des Larrons : mais elles ne regardent celles-cy que de quatre ou cinq cent lieuës loin ; ne sont qu'à cent lieuës de la Chine, & s'approchent beaucoup plus des Moluques, & des Isles de la Sonde.

Leur scituation est entre l'Equateur, & le Tropique du Cancer, ou de l'Escreuisse ; sçavoir, depuis environ le 5 jusques au 20 Degré de Latitude Septentrionale, & depuis environ le 155 jusques au 170 Meridien ou Degré de Longitude : & ainsi comprennent 15 ou 16 Degrés de Longitude, & de Latitude ; & s'estendent dans la Longueur, & dans la Largeur de trois ou quatre cent lieuës.

Luçon, Mindanao, & Paragoya en sont les plus grandes ; Luçon vers le Septentrion, Mindanao vers le Midy, & Paragoya vers l'Occident ; en sorte qu'elles forment vn Triangle presque Equilateral. Tandaye, autrement Philippine, Mindore, Parray, Masbate, Sabunra, ou Ybabao, Cebu, ou los Pintados, Negoas, Matan, Bohol, & peu d'autres, sont de moyenne grandeur. Tandaye est au Sud-Est de la pointe plus Meridionale de Luçon ; & le Destroit entre-deux s'appelle de Manille ; non à cause de la Ville de Manille, qui en est à plus de cent lieuës ; mais à cause de l'Isle de Luçon, qui s'appelle aussi de Manille. Mindore au Sud de l'Isle, du Golfe, & de la Ville de Manille, les autres sont entre Luçon, & Mindanao.

Nous pourrions encor faire estat de Messane, de Calegan & de Buthuan prés Cebu ; d'Abujo prés Ybabao ; de Capuli, & de Tuao entre Tendaye, & Masbat ; de Banton, de Ribujan, de Virejes, de Marinduque, & de Luban entre Masbat, & Mindore ; des Iloques, de Mauris, de Loyo, de Bankingle, de Kapul, entre Mindore, & Paragoya ; & entre Paragoya, & Mindanao ; de la petite Philippine, au Couchant ; des Babujones, au Septentrion ; de Catandanis, de Paracalla, & d'autres à l'Orient de Luçon ; des Palmes, & de S. Iean à l'Orient de Mindanao. Mais nous ne les pouovns pas dire toutes ; il y en a vn si grand nombre que quelques-vns y en estiment mille, ou douze cent de quelque consideration ; & en tout dix ou douze mille.

Magellan est le premier des Européens, qui ait descouvert ces Isles en 1520. En 1564 Don Louys de Velasque Vice-Roy de Mexique, envoya Michel Lopez de Legaspe, pour y establir quelques Colonies Castillanes ; & faciliter par ce moyen leur Commerce du Mexique avec la Chine & le Iapon. Celuy-cy se saisit de Cebu, de Luçon, &c. les Castillans en possedent à present plus d'vne cinquantaine ; entre lesquelles Luçon, Tendaye, & Cebu, sont les plus fameuses.

Luçon, appellée quelquesfois nouvelle Castille, commence auparavant le 13, & finit aprés le 19 Degré de Latitude deçà l'Equateur ; qui ne seroit qu'environ 6 Degrés de 150 lieuës : mais elle advance fort vne de ses extremités vers l'Orient, qui fait que du Cap de Boiador vers la Chine jusques à celuy de Caceres vers Tendaye, il y a plus de 200 lieuës, en passant au travers de l'Isle. Sa Largeur est fort inesgale, & quelquesfois seulement de vingt, vingt-cinq, quelquesfois aussi de cinquante, soixante, ou soixante & quinze lieuës.

Manille est sa principale Ville. Le Gouverneur ou Vice-Roy de ces Isles, & vn Archevesque y faisans leur residence ; on luy donne le tiltre de Manille la Noble : elle est bien bastie, grande, forte, avec Citadelle, & bon Port ; dont l'entrée neantmoins a quelque difficulté, à cause des Isles, & des Roches de Mirabelles à l'ouverture du Golfe, ou de la Baye de Cavita, ou Cavite ; au fond de laquelle est Manille. Les autres Villes de la mesme Isle sont Cagaion, ou Nueva Segovia, dans la partie plus Septentionale, puis Caçeres dans la partie plus Meridionale de l'Isle. La Ville de Luçon se décrit par tous les Autheurs sur la Coste, qui regarde la Chine ; & ce nom a esté le plus fameux autrefois : aujourd'huy la difficulté est de sçavoir si Luçon & Manille sont deux Villes. Linschot ne les estime qu'vne mesme.

Mindanao est composée de trois Isles differentes, qui sont presque contiguës. La plus grande, & qui est au milieu des deux autres, retient le nom de Mindano, ayant environ cent lieuës, ou peu plus de long, & peu moins de large. Canola vers l'Occident 75 lieuës de long, & 25 ou 30 de large. Las Buenas Señales, ou les Bonnes Enseignes, ou encor S. Iean au Nord-Est, n'en a que 25 ou 30 de long, & de large, & ces trois ensemble sont entre le 5 & le 9 Parallele, ou Degré de Latitude, & entre le 162, & le 169 Meridien, ou Degré de Longitude : & ne contiennent gueres moins de deux cent lieuës, depuis la pointe de la Galere à leur Occident, jusques au Cap de Bicajo à leur Orient.

Elles appartiennent à divers Rois Mahumetans, ou Payens ; presque tous en bonne intelligence avec le Roy de Ternate aux Molucques, & mal affectionnés aux Portugais. Ses principales Villes sont Mindanao, que les autres appellent Tabouc, Saraga, ou Suriaco, Lomiaton, ou Lumeatan, Dapito, & Canola. Des autres Villes, dont quelques Autheurs font mention, nous n'avons rien d'asseuré de leurs assiettes.

Paragoya, ou Paraguan de Boter, est la mesme que la Calamiane de Linscot ; & que la Pulaoan, ou Puloaym de Magin, & d'autres : elle commencé presque au 8, & ne finit qu'au 11 Degré de Laditude, en s'allongeant du Sud-Ouest au Nord-Est, dans la longueur de plus de cent lieuës, n'en ayant que 10, 15, ou 25 de largeur. Boter, & Pigafette disent, qu'elle porte des Figues longues de la moitié, & grosses comme le bras; & d'autres longues seulement d'vne Paulme, mais qui sont meilleures que les premieres: ils labourent la Terre tous, & avec le Riz distillé, ils font du vin meilleur que celuy de Palme. Leur Roy est Vassal de celuy de Borneo.

Tendaye est aux environs du 12 Degré de Latitude, & de 167 de Longitude: occupe 50 lieuës en sa plus grande longueur, & 40 en sa plus grande largeur: elle a porté seule le nom de Philippine, pour avoir esté descouverte la premiere de ces Isles, & ce nom s'est communiqué aux autres. Elle est estimée la plus belle, & la plus agreable de toutes; fertile, riche, facile en ses abords, & ses habitans courtois.

Mindore n'est guere moindre que Tendaye; mais elle n'est point si fameuse, & toutesfois le Destroit d'entre les Isles de Manille, & de Mindore s'appellant de Mindore, il est à iuger, qu'il y a aussi vne Ville de Mindore sur ce Destroit; & que cette place a esté fameuse autresfois. Il s'y trouve des Mines d'Or, & du Poivre.

Cebu est au milieu des Philippines. Les Castillans ont basty sur sa Coste Orientale Ville-Iesus, sous le 10 Degré de Latitude; & sous le 165 de Longitude. Le Port en est bon, & c'est là où Magellan contracta alliance avec le Roy de cette Isle, qu'il receut en la protection du Roy de Castille; en faveur de qui il passa dans l'Isle, & fit la guerre au Roy de Matan, là où il fut tué.

Toutes ces Isles en general sont fort fertiles; & donnent vne si grande quantité de Grains, de Riz, de Fruicts, de Vins, de Miel, &c. que tout s'y donne pour rien. Ils ont du Vin de Palme qui ne cede à celuy de Raisins; & il y en a d'aussi puissans que le Vin d'Espagne: ils nourrissent force Bestiaux & Volailles, comme de Bœufs, de Moutons, que l'on y a transporté de la nouvelle Espagne; des Pourceaux, dont la chair est excellente, des Chevres, des Poules, &c. ont force Sauvagines, comme de Cerfs, de Sangliers, de Chevreüils: & se trouvent dans leurs Forests, & dans leurs Montagnes des Lyons, des Tygres, des Ours, des Renards, des Singes, des Chats Zibets, ou Civettes, des Crocodils dans leurs Rivieres, vne infinité de Poissons dans leurs Mers: Entr'autres des Tortuës, dont les Escailles sont fort estimées; pour la beauté, & la varieté de leurs couleurs, ne s'en trouvant guere de cette sorte qu'icy, & dans les Maldives.

Elles produisent aussi de l'Or, du Fer, de l'Acier, du Saffran, de la Canelle, du Poivre-long, du Gingembre, du Succre, de la Cire, & autres Metaux, Espiceries, Drogues, Pierreries: il s'y pesche des Perles sur leurs Costes, & particulierement prés de Negros, & d'Abujo.

Et neantmoins les Castillans ont esté plusieurs fois sur le point d'abandonner ces Isles, comme les Rois de la Chine ont fait autresfois : ceux-cy ne s'estans soucié de conserver tant d'Estats esloignés d'eux : ceux-là n'ayans assez de monde, pour les tenir en subjection. Il est à croire, que cela provient du trop grand nombre de ces Isles ; dont vne grande partie restera tousjours libre, & à divers Rois, & Seigneurs ; qui seront perpetuellement jaloux, & ennemis des Castillans, & leur causeront continuellement vne grande despense.

Mais d'ailleurs les Vivres que ces Isles fournissent à si bon conte, & si abondamment ; & le Trafic qu'elles ont si commodément, & avec la Chine, & avec le Mexique, ou Nouvelle Espagne, ont fait resoudre les Castillans à leur conservation : & pour ce sujet y firent encor bastir quelques Forteresses en 1589, & y transporterent de la Nouvelle Espagne quelques Familles, des Chevaux, des Moutons & autres Bestiaux, pour y en peupler la race,

Les Chinois font vn grand Negoce dans ces Isles, & y portent de toutes leurs Denrées ; de la Soye, du Coton de toutes couleurs ; de la Porcelaine, du Souffre, de la Poudre à Canon, du Vif-argent, du Fer, de l'Acier, du Cuivre, & autres Metaux ; des Cabinets, des Coffres, des Tableaux ; des Passemens, des Coiffes, des Voiles & autres curiosités pour les Femmes. De toutes ces Denrées, il en demeure vne partie dans les Philippines, les Castillans en tirent vne autre partie ; & avec l'Or, la Cire, & les Espiceries, qu'ils tirent de ces Isles, la portent dans la Mexique, ou Nouvelle Espagne : d'où ils rapportent ce qui est propre, & pour les Philippines, & pour la Chine, & pour les Indes de l'Orient. Et ce Negoce qui se fait par la Mer de Sud, ou Pacifique, est presque aussi grand, & aussi frequent, que celuy qui se fait de l'Espagne au Mexique par l'Ocean, & par la Mer de Nort.

LES ISLES DES LARRONS.

NOVS n'avons presque rien à dire, touchant les Isles des Larrons : ce sont seize ou vingt Isles differentes, qui continuent depuis environ le 8 jusques au 20 ou 21 Degré de Latitude deçà l'Equateur ; & sont presque toutes enfilées dans le 188 Meridien, & leurs noms, leurs assiettes, & leurs grandeurs, se pourront juger à peu prés par la Carte. Les Isles des Sauteurs, des Martyrs, des Oyseaux, leur sont vers le Midy ; celles des Roys, du Corail, des Iardins, des Matelots, &c. vers l'Occident, & entre celles des Larrons, & les Philippines ; les Volcanes vers le Septentrion, où il y a de la Cochenille : Malpelo vers le Nord-Est, où il y a du Cinaloes fin & exquis : mais celle-cy est vers l'Orient, & semble appartenir à l'Amerique.

Toutes ces Isles sont pauvres, n'y ayant que peu de vivres ; presque point d'Animaux domestiques, point de Metaux : les Habitans sont nuds, dispos, grands Larrons, & particulierement du Fer.

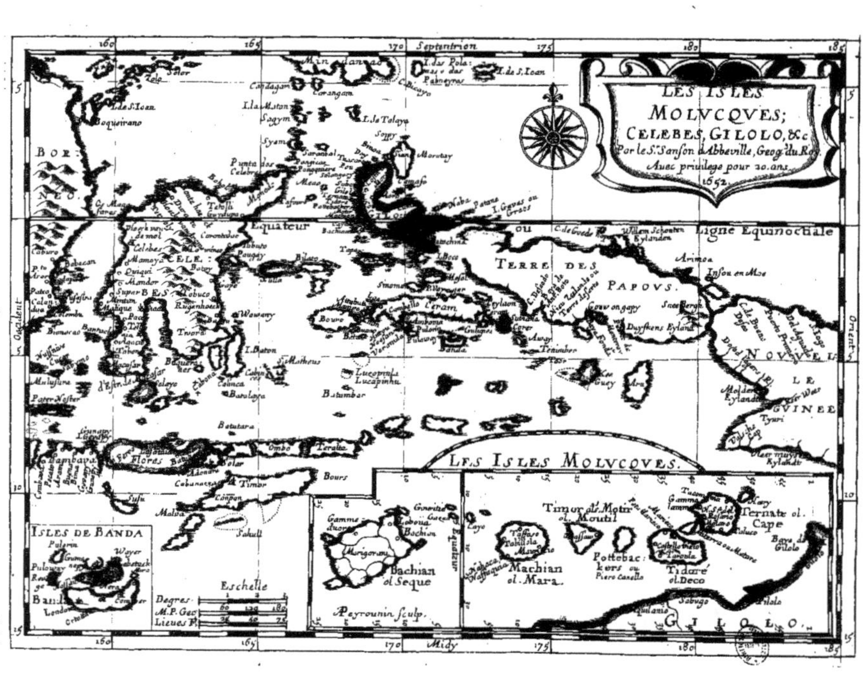

LES ISLES
MOLVCQVES;
CELEBES, GILOLO, &c
Par le S.r Sanson d'Abbeville, Geog.d du Roy.
Auec priuilege pour 20. ans.
1652.
Septentrion
Midy
Occident
Orient
Equateur ou Ligne Equinoctiale
TERRE DES PAPOVS.
LES ISLES MOLVCQVES.
ISLES DE BANDA
Eschelle
Degres
M.P. Geo
Lieues F.
Ternate ol. Cape
Timor ol. Motir ol. Moutil
Machian ol. Mara.
Tidore ol. Deco
Bachian ol Seque
Pottebackers ou Piero Casello
GILOLO.
Ceram
Flores
Timor
Mindanao
Celebes
Sabugo
Gilolo
Moro
Amboina
Banda
Solor
Bours
Bouro
Gamma
Tafure
Lisboa
Maleyo
Cabo
Aru
Cubuco
Pulorin
Puloway
Lontor
Banda
Gunonapi
Ombo
Savu
Sumbava
Borneo
Papous
Nouvelle Guinée
Ær. Peyrounin sculp.

LES ISLES MOLVQVES.

IE comprens sous le nom des Molucques, non seulement les Isles de Ternate, Tidoré, Motil, Machiam, & Bachiam, que l'on appelle particulierement Molucques; mais aussi celles de Gilolo, & la Terre des Papous, qui leur sont à l'Orient: celles des Celebes, qui leur sont à l'Occident; celles de Flores, & de Timor, qui leur sont bien avant vers le Midy, & quelques autres qui se rencontrent aux environs.

Elles font vn Corps de plusieurs & diverses Isles au Midy des Philippines, à l'Orient de celle de la Sonde, à l'Occident de la Nouvelle Guinée, & au Septentrion des Terres Australes, & sont au dessous ou prés de la Ligne Equinoctiale, ne s'advançans que iusques au 3 Degré en deçà de cette Ligne; en delà iusques au 10 ou 12; & s'estendent d'Occident en Orient du 160 Degré de Longitude, iusques au 180, & ainsi elles ont ensemble 15 Degrés de Latitude, & 20 de Longitude, qui valent prés de 400 lieuës de Largeur, & 500 de Longueur.

Celebes, la Terre des Papous, & Gilolo sont les plus grandes, puis Ceram, Flores, & Timor; celles que l'on appelle particulierement Molucques, sont des plus petites. Celebes a 200 lieuës dans sa Longueur, prés de cent dans sa Largeur: la Terre de Papous plus de deux cent lieuës en Longueur, 50 ou 60 de Largeur: Gilolo environ cent lieuës de Longueur, & de Largeur bien moins: Ceram, Flores, & Timor ont chacune 60 & tant de lieuës de Longueur, & souvent leur Largeur n'est que du tiers, ou du quart de la Longueur. Les vrayes Molucques n'ont que deux, trois, quatre, ou cinq lieuës de Longueur, & cinq, six, dix, douze, ou quinze de circuit.

Entre toutes ces Isles les vrayes Molucques sont les plus connuës, à cause de leurs Clous de Girofle, dont elles abondent: & en fournissent toute l'Asie, & l'Europe. Elles n'ont point de Grains, point de Mines d'Or, peu de Bestiaux, force Fruits, du Gingembre, de la Canelle, des Noix Muscades, & diverses Drogues; ent'autres vne espece de Bois qui brûle, & fait Flamme sans se consommer. Les Clous de Girofle sont leur principale richesse. Ternate, Tidor, & Maquian en ont le plus; Motil, & Bachian le moins. Ternate rend par an quatre cent Bahars de Girofle; Tidor & Maquian trois cent chacune: & aux grandes Moissons, qui ne sont que de sept ans en sept ans, Maquian en rend quinze ou seize cent, Tidor douze, ou treize cent, & Ternate 1000, ou 1200: chaque Bahar est de 600 livres de Hollande.

Ces Isles sont couchées à l'Occident, & au long de la Coste de Gilolo, si prés de l'Equateur, que la plus advancée vers le Midy, n'est que 24 ou 25 Minutes en delà, & la plus advancée vers le Septentrion, n'est que 48 ou 50 Minutes en deçà de cette Ligne; de sorte qu'elles n'ont ensemble qu'vn Degré de Latitude, & environ 10 ou 12 Minutes, qui font trente lieuës. Leur Longitude est entre la 10, & la trentiesme

Minute du cent soixante-huitiesme Meridien, ou Degré de Longitude.

Ternate est la plus advancée vers le Septentrion, & en descendant vers le Midy, sont Tidoré, Timor ou Motir, Machian, & Bachian : car il se fait peu d'estat des autres. Bachian a 15, ou 16 lieuës de circuit, Ternate, Tidoré & Machian 10 ou 12, Mothir 5 ou 6, les autres moins.

Ternate est estimée la principale, & son Roy le plus puissant, & des vrayes Molucques, & de tout ce que i'ay passé sous le nom general des Molucques : & neantmoins il souffre dans Ternate, Nostra Señora del Rosario, & Gammalamme entre les mains des Espagnols : Tacomma, Toluco, & Malayo entre les mains des Hollandois, qui sont en bonne intelligence avec luy, ennemy des Espagnols Tidoré (ceux du Pays disent Tadura, qui signifie Beauté) est peu plus grande, & mieux peuplée que Ternate, avec son Roy particulier : les Espagnols y tiennent Taroula, Castello Viejo, & Marieco, que les Hollandois ont quelquesfois pris. Motir ou Timor a esté vne fois si mal traittée des Espagnols, que ses Habitans l'abandonnerent, & se retirerent à Gilolo Les Hollandois y ont basty le Fort de Nassau, & fait que prés de deux mille personnes de ses Habitans y sont retourneés. Machian aussi bien que Motir appartient au Roy de Ternate : les Hollandois y tiennent Taffaso, Tabillola, Nahaca, ou Naffaquia, & Mauritio ; elle est peuplée de neuf, ou dix mille personnes.

Bachian, ou Baquian est la plus grande de toutes les Molucques, mais mal peuplée, & avec peu de Girofles : & d'ailleurs elle a beaucoup de Fruit, & sa Mer force Poissons. Elle est entrecoupée de plusieurs petits Canaux, peu navigeables, qui ne laissent de la diviser en plusieurs parties, dont celle de Marigoran est au milieu des autres : & le Roy de ces Isles y demeure. Les Hollandois tiennent sur les costes les Forts de Gammaduore, & Loboüa, dont l'vn, ou l'autre a esté appellé autresfois Barnevelt.

Gilolo, ou Batochine s'estend jusques au 2 Degré en deçà, & seulement jusques au premier au delà de l'Equateur : elle a donc 3 Degrés de Latitude. Sa Longitude commence peu aprés le 168 Meridien, ou Degré de Longitude, & s'alonge jusques au 172, qui font prés de 4 Degrés ; qui valent peu moins de cent lieuës de long, & de large : mais elle n'est composée que de quatre presqu'Isles, dont l'vne s'advance vers le Septentrion, les trois autres vers l'Orient ; & de ces trois celle du milieu approche si fort de la Terre de Papous, qu'il ne reste qu'vn Destroit entre deux.

Elle est sujette en partie au Roy de Ternate, en partie aux Roys de Gilolo, & de Loloda. Il y a des Peuples Sauvages dans la partie plus Septentrionale, où est la Coste de More, & dans quelques Montagnes au milieu du Pays ; & la Ville de Momaye est en forme de Republique. La Ville de Gilolo, n'est qu'à six lieuës de Ternate, vers le Septentrion ; celles de Gilolo, Sabugo, & Aquilanio sont prés, & à l'Orient de Tidoré ; & sur la Coste Occidentale de Gilolo : sur l'autre costé, & vers l'Orient sont les Forteresses de Tolo, Isian, & Iassougo : ces six places sont entre les mains des Espagnols. Les Hollandois y tiennent Sabou, & Coma ; Sabou peu au dessus de Gilolo, Tacoma, ou Coma, sur l'vne des trois pointes plus Orientales.

L'Air de Gilolo est mal sain, le Terroir peu fertile, si ce n'est en Riz, & en Arbres, qu'ils appellent Sagous ; dont ils tirent du Fruict pour faire leur Pain, & leur Vin, & du Poil qui est à l'Escorce de l'Arbre ils en font leurs habits : il y a du Clou de Girofle, mais peu ; ils n'ont presque point de Bestiaux, si ce n'est des Porcs domestiques, & Sauvages.

Celebes est composée de plusieurs Isles, si proches les vnes des autres, qu'elles ne sont communément estimées qu'vne seule. Elles sont fertiles en toutes sortes de Vivres, & principalement en Riz, donnent de l'Or, de l'Yvoire, du Sandal, du Coton, nourrissent vn grand nombre de Bestiaux, & la Mer leur fournit force Poissons, & des Perles : l'Air y est sain, bien que presque en mesme situation que Gilolo, sinon qu'elles s'advancent jusques prés du 6 Degré de Latitude vers le Midy. Elles sont fort peuplées, & on y estime iusques à six principaux Royaumes ; dont celuy de Macazar, & qui donne quelquesfois son nom à toutes ces Isles, est le plus puissant. Celuy de Cion le second, puis ceux de Sanguin, de Cauripana, de Getigan, & de Supar. Les plus grandes Villes sont Macazar, & Bantachaia à trente, ou quarante lieuës l'vne de l'autre.

La Terre des Papous. i. des Noirs, est peu connuë : elle est neantmoins autre que la Nouvelle Guinée, & autre que l'Isle de Ceyram, bien que quelques-vns les confondent : celle-cy est à son Occident, & l'autre à son Orient, l'vne & l'autre tirant plus vers le Midy. Il y a quelques blancs entre ses Habitans, mais peu ; tous maigres, laids, & traistres : ils ont de l'Or, de l'Ambre-gris, & des Oyseaux de Paradis, dont ils payent leur Tribut à leurs Rois, & au Roy de Ternate.

Ceiram a les mesmes qualités, & ses Habitans semblables aux Papous, & fort peuplée. Flores, Solor, Malva, Timor, Ombo, Terralta, &c. sont diverses Isles sous les 8, 9, 10 Degrés de Latitude Meridionale, & qui s'advancent du 160 jusques au 175 Degrés de Longitude, Timor (autre que Timor des Molucques) est la plus estimée : elle porte beaucoup de Grains, & de Fruicts, nourrit force Bestiaux, & Volailles : Entre ses Drogues, & Espiceries, elle a du Gingembre, de la Canelle, & des Forests toutes entieres de Sandal blanc, & jaune. Ses Habitans sont Idolatres, demy Sauvages, & n'ont l'vsage du Feu que depuis peu. Malva à l'Occident de Timor a quantité de Poyvre. Solor est autre que Soloe, ou Solayo : celle-cy est à dix lieuës de Celebes, & entre le 6 & le 7 Degré de Latitude : celle-là à 15 ou 16 lieuës de Timor, & entre le 8 & 9 Degré de Latitude. La Ville Adonare est la residence du Roy de Solor, & il y a grand commerce pour le Sandal de cette Isle avec Cabanazza en Timor. Solor a encor de l'Or & des Perles.

Presques au milieu de toutes les Isles, que nous avons appellé en general Molucques, sont celles d'Amboine, & de Banda; qui sont des plus petites, mais des plus en estime: celles d'Amboine sont Amboine, Veranula, Hittou, Noesan, & quelques autres. Amboine a sa Ville de mesme nom: & les Portugais y avoient vn Chasteau, que les Hollandois prirent en 1605, & y ont possedé encor les Forteresses de Coubella, de Lovio, puis la Redoute de Hittou en l'Isle de Hittou. Les Castillans les en depossederent peu aprés 1620, & que les Hollandois ont repris du depuis. Amboine a des Clous de Girofles, force Fruits, du Sucre, & tout à fort vil prix.

Les Isles de Banda sont trois principales; Banda qui communique son nom au reste, Nera, & Gumanapi; & trois, ou quatre moindres, Vvayer, Pulovvay, & Pulorin; quelques-vns adjoûtent Poelsetton la plus Occidentale de toutes. Banda a les Villes, ou Bourgs de Londor, Ortatan, & Combor; Nera à celle de Nera, & Labetach; Gumanapi n'en a qu'vne de son nom, & au dessous de la Montagne, qui jette du Feu. Nera est la principale de toutes: les Hollandois tiennent en l'Isle de Nera les Forts de Nassau, & de Belgique; & en l'Isle de Polevvay, le Fort de Revenge. Ces Isles sont mal saines: les Noix Muscades, & le Macis, qu'elles portent, font qu'elles sont frequentées par les Estrangers. Ces Fruits se recueillent trois fois l'année, en Avril, & celuy-cy est le meilleur, en Aoust & en Decembre.

Les Peuples de toutes ces Isles, que nous avons passé sous le nom de Molucques, sont de differentes humeurs: ceux qui sont sur les Costes, & les plus frequentés des Estrangers, sont peu plus civils; les autres plus Barbares: & dessus la coste ils sont, ou Mahometans, ou Chrestiens, les autres Idolâtres: mais les Espagnols, & les Portugais d'vn costé, & les Hollandois d'vn autre, inquietent fort ces Isles; se rendans Maistres tantost de l'vne, & tantost de l'autre, & s'entrefont le plus souvent la guerre, entr'eux, & avec les Insulaires; entre lesquels il y a divers Rois, les vns sujets des Portugais, les autres des Hollandois.

Entre tous ces Rois, le plus puissant est celuy de Ternate, a qui appartiennent Ternate, Motir, & Bachiam; encor Cayoa, & Gazea, entre les vrayes Molucques: & aux environs celles de Meao, où se bastissent ses Carcoles. I. Vaisseaux de Guerre, Tafoura, Xula, Buro; celles d'Amboine, entre lesquelles Ceiram semble estre comprise; puis partie de la T. des Papous, partie de Gilolo, & des Celebes, là où les Roys luy sont tributaires. L'Argensola dit que dans 70 Isles, qui sont dans ses Estats, il peut lever 200000 hommes; & qu'il entretient d'ordinaire nombre de Carcoles, avec force Canons, & ce qui leur est besoin; & que ses Capitaines de milice sont aagés, & ont esté nourris & élevés dans les armes.

LES

Septentrion
OCEAN
MER
INDIENNE
l'Equateur ou Ligne Equinoctiale
Occident
Orient
Midy
LES ISLES DE LA SONDE, entre lesquelles sont SVMATRA, IAVA, BORNEO, &c.
Par le S.r Sanson d'Abbeville Geographe du Roy.
Auec privilege pour 20 ans
1652.
Mille Pas Geometriques
Lieues commun.s de France
Lieues grandes de France
Lieues com.s d'Alemagne
Degrés de Longit. et Latit.
A. Peyrounin sculp.

LES ISLES DE LA SONDE.

LEs Isles de la Sonde sont celles de Sumatra, de Borneo, de Iava Grande & Petite, & autres; elles sont dessous, & aux environs de l'Equateur, s'advancent en deçà jusques au 7 ou 8 Degré de Latitude, vers le Septentrion; en delà jusqu'au 9 ou 10 de Latitude, vers le Midy: commencent au 135 Degré de Longitude vers l'Occident, finissent environ le 160 vers l'Orient: de sorte qu'elles ont ensemble 16 ou 18 Degrés de Latitude, qui sont quatre cent & tant de lieuës; 24 ou 25 Degrés de Longitude, qui en font six cent, ou environ.

Les Portugais les ont appellé Isles de la Sonde, parce qu'elles sont au Sud de Malaca, à ce que dit Pyrard: Ie crois plustost que c'est à cause du Destroit de la Sonde, qui est entre les deux principales, & plus connuës de ces Isles; sçauoir Sumatra, & Iava la grande: ou encor à cause du Port de Bantam, qui s'appelle la Sonde, Port le meilleur, & du plus grand abord, qu'il y ait en toutes ces Isles.

Sumatra est à dix, ou douze lieuës de la Presqu'Isle de Malaca; & s'estend depuis environ le 6 Degré de Latitude en deçà, jusques prés encor le 6 au delà de l'Equateur; qui seront 11 ou 12 Degrés de Latitude: mais sa forme estant couchée du Nord-Ouest au Sud-Est, elle porte depuis sa pointe plus Septentrionale vers Achem, jusques à celle de Labansamora vers le Midy, & sur le Destroit de la Sonde, prés de quatre cent lieuës; n'en ayant de largeur que cinquante, soixante, ou quatre-vingts au plus.

Quelques Autheurs la divisent en quatre, autres en dix, & autres encores en trente Royaumes: il est à croire qu'il y en a eu quelques fois plus, quelquesfois moins, ou que les moindres ont esté vassaux, & tributaires des plus grands. Aujourd'huy les quatre plus fameux sont Achem, qui tient aussi Pedir, de qui il a esté sujet, & Pacem, sur les costes plus Septentrionales de l'Inde: Camper presque dessous; Palimban, & Menancabo au delà de l'Equateur.

Le Roy d'Achem est si puissant qu'en 1616 il mit sur Mer soixante mille hommes de guerre, dessus deux cent Navires, & soixante Galeres; avec force Canons, & munitions, pour faire la Guerre aux Portugais dans Malaca; & luy seul les a chassé du Fort, qu'ils avoient dans Pacem, & empesché qu'ils n'ayent eu le pied dans Sumatra.

L'Air de l'Isle est mal sain; le Pays est riche en Or, bien qu'il soit bas, en Argent, Cuivre, Estaim, Fer, en Pierreries, Soyes, Bejoar, Poivre commun, & long, Gingembre, Canelle; Cloux de Girofle, Noix de Muscade; en Riz, Mil, & force Fruicts: de telle sorte que l'on estime cette Isle la plus fameuse de l'Orient; soit à cause de sa Grandeur, soit à cause de ses Richesses.

Les Hollandois sont en bonne intelligence avec les Peuples, & les Roys de Sumatra, & particulierement avec celuy d'Achem: ils n'ont aucune Place, ou Forteresse dans l'Isle; mais à Iamby Royaume, Ville, & Riviere de mesme nom, au 1. Degré, & 50 minutes de là de l'Equateur, ils ont basty sur le bord de cette Riviere, & vingt-cinq lieuës hors de la coste, vne Maison pour faciliter leur negoce avec les Insulaires: ce negoce pour la pluspart estant en Poivre, que l'on descend de cette Maison à la Mer par des Canóes.

Borneo de mesme que Sumatra est partie en deçà, & partie en delà de l'Equateur; mais elle s'avance en deçà jusques au 7 Degré de Latitude Septentrionale, & en delà seulement jusques au 4 de Latitude Meridionale. Sa forme est presque ronde, porte plus de 250 lieuës du Midy au Septentrion, peu moins d'Occident en Orient: & comprend en sa continence plus que Sumatra, & plus que quelqu'autre Isle que ce soit, dont nous ayons connoissance en Asie. Mais elle n'est point si habitée, ny si marchande que Sumatra; plus fertile neantmoins, & outre les mesmes denrées, elle a force Mirabolans; ses Forests sont pleines d'arbres, qui portent le Camfre le plus excellent du Monde; & qui se debite dans les Indes, estant trop cher pour en rapporter deçà: celuy qui nous vient de la Chine est tellement falsifié, & si peu estimé à l'égard de celuy qui vient pur de Borneo, que cent livres de l'vn, n'en valent qu'vne de l'autre.

Borneo, Bendarmassin, ou Bandermahen, Laue, & Kerimaia sont les plus belles Villes, ou du moins les mieux connuës de l'Isle: car nous ne connoissons encor rien sur la Coste Orientale. Borneo est dessus vn Lac Salé, ou plustost au fond d'vn Golfe de Mer, qui est au Nord-Ouest de l'Isle. Ses Maisons sont basties de bois, & sur Pilotis, & s'en compte vingt ou vingt-cinq mille. Le Palais du Roy, & les Maisons des principaux Seigneurs sont de Pierre, & sur Terre ferme: Bendarmasin, & Lave sont vers le Midy, regardent la grande Iave, & appartiennent à vn mesme Roy: il se bastit force Iuncos à Bendarmassin: la Riviere de Succadan, & les Forests voisines fournissans facilement le bois, & ce qui est necessaire pour la construction de ces Vaisseaux. Lave est prés vne Riviere de mesme nom; & cette Riviere comme Succadan donne des Diamans. Kerimaia, Hormata, ou Krimata est descrite par les Hollandois sur la coste au Sud-Oüest de l'Isle, & y estiment deux ou trois mille Maisons.

Les Habitans de Borneo sont grands, olivastres, de bonne mine, & leurs femmes brunes, chastes; ce qui est assez rare dans les Isles circonvoisines: ils negocient peu au loin, sont plus enclins au Larcin, & à la Piraterie, qu'au Commerce; n'exerçant celuy-cy qu'avec leurs Voisins; le reste avec les Estrangers, & au loin.

Aux environs de Borneo il y a nombre de petites Isles: Boqueran au deçà du 3, S. Iean au deçà du 4, Iolo ou Zolo au deçà du 5, Tagyma au deçà du 6, & Combahan, au deçà du 8 Degré de Latitude: celle-cy est au Nort du Golfe, & de la Ville de Borneo, plus prés de ce Golfe est Pulotigan, &c. Toutes ces Isles appartiennent au Roy, ou aux Rois de Borneo.

Les deux Iaves grande, & petite, sont au Midy de Sumatra, & de Borneo : toutesfois on dispute fort touchant l'assiette de la petite. La Grande est du 6 jusques au 8, 9, ou 10 Degré de Latitude Meridionale ; car nous ne sçavons pas au vray sa largeur : & depuis le 145 Meridien jusques au delà du 155, cette Longueur estant de deux cent cinquante lieuës & plus, & sa Largeur beaucoup moindre. Nous n'avons presque connoissance que de la Coste Septentrionale de cette Isle, point du tout de celle, qui est au Midy.

Au long de la Coste Septentrionale sont Bantam, là où est vn des plus grands Negoces de toutes les Indes Orientales, & là où les Marchands de la Compagnie des Indes Orientales pour l'Angleterre ont leur demeure ; & là où vne semblable Compagnie pour les Hollandois ont aussi eu leur demeure, qu'ils ont transporté à Iacatra ou Batavie. Bantam est au bas d'vne colline, de laquelle descendent trois Rivieres, dont l'vne passe par le milieu, les deux autres au long, & aux deux costés de la Ville, se communiquans par divers Canaux ; ce qui accommode les Mahometans, qui croyent estre purgés de leurs pechés, toutes les fois qu'ils se baignent : Elle se gouverne en Republique, est fort peuplée, a cinq grandes places, où les Marchés se tiennent tous les jours : & il s'y trouve de toutes les Drogues, Espiceries, Pierreries, en fin de toutes les Denrées de l'Orient.

A quinze ou vingt lieuës de Bantam est Iacatra, à present Batavie ; depuis que les Hollandois ont basty celle-cy sur les ruines de l'autre. Les Hollandois avoient vn beau magazin dans la ville de Iacatra : le Roy de Iacatra assisté de quelques Anglois, les y ayant assiegé sur la fin de 1618, les Hollandois se deffendirent jusques en Mars 1619, que leur General Koen retournant des Molucques fit lever le siege ; prit & ruina Iacatra, & y rebastit Batavie, avec vne tres-bonne Citadelle : cette place est aujourd'huy le siege ou Bureau du General & des Conseillers pour la Compagnie des Indes Orientales des Provinces vnies.

En continuant le long de la Coste, & à 100 ou 120 lieuës de Batavie est Iapara, Royaume & Ville, avec vn bon Port, & belle Riviere. Tuban à vingt ou vingt-cinq lieuës de Iapara, encor Royaume, Ville & Golfe : plus avant à cinquante lieuës est Iortan Ville, Riviere, & Port de grand abord ; pour ceux qui vont, & qui retournent de Bantam aux Molucques, & des Molucques à Bantam. Passaruam est à vingt lieuës de Iortan, & Panarucam encor huict lieuës plus avant : celle-cy fait la pointe plus Orientale de la Grande Iave : Palambuan est à 12 ou 15 lieuës de Panarucan, tirant vers le Midy. Toutes ces Villes ont leurs Roys chacune : Palambuam regarde l'Isle de Baly, & le Destroit entre les deux, prend son nom de Palambuam, comme de la plus fameuse. Plusieurs Portugais demeurent à Panarucan pour faciliter le commerce, qu'ils ont des Moluques, d'Amboine, de Banda, de Timor, &c. avec Malaca, ou avec les places qu'ils ont en deçà; Panarucan se trouvant dans le chemin de cette course. Prés de cette Ville vne Montagne de souffre jetta vne si grande quantité de Pierres & de Cendres en 1588, que dix mille Personnes en furent estouffées,

Au milieu de l'Isle de Iave, & vers la Coste du Midy est Maderan, ou Materan Ville, & sejour du plus puissant Roy de la Iave : cette Ville est à cent & tant de lieuës de Bantam, cent ou six-vingts lieuës de Palambuan, & seulement 35 ou 40 de Iapara. Ce Roy a commandé autresfois à toute l'Isle, commande encor aux Roys, qui sont en terre ferme, & sur la coste Meridionale : ceux de deçà s'estant émancipés de son obeïssance, ou ne luy rendans plus que certains devoirs ; il tient neantmoins encor quelques Places sur cette coste.

Nous n'avons pas vne connoissance certaine de la petite Iave, si ce n'est que nous l'estimions estre les Isles qui sont à l'Orient de la Gr. Iave : & dont nous n'avons encor connoissance que de la Coste Septentrionale. Marc Pol de Venise, qui le premier en a fait relation, dit qu'elle contenoit deux mille lieuës de circuit, ce qui seroit plus que nostre Gr. Iave, comme nous la connoissons à present, dit qu'il y avoit huict Royaumes, dont il en a veu les six : donne au Terroir les mesmes qualités qu'à la Grande; mais que ses Habitans estoient plus sauvages, & quelques-vns mesmes Antropophages : Nous dirons incontinent vn mot de l'vne & de l'autre Iave.

A l'Orient de la Gr. Iave est Baly Isle, qui n'a pas plus de quarante lieuës de circuit, ne laisse d'estre peuplée de six cens mille ames, à son Roy particulier, riche, & magnifique. Madura Isle au Nord-Est du Iortan dans la Grande Iave est encor fort peuplée, ses villes assez belles, avec son Roy particulier, ses peuples meschans & perfides.

Les Peuples de toutes ces Isles sont Mahometans sur les Costes, dedans le Pays Idolatres : & quelques-vns Antropophages. Ils ont divers Roys : ont esté assés puissans jusqu'à present, pour empescher que les Castillans, que les Portugais, & que les Hollandois n'ayent basty aucunes Forteresses sur leurs costes. Ces derniers neantmoins y ont Batavie depuis peu, & s'y maintiennent puissamment.

Nous avions reservé la place, qui resteroit icy, pour faire quelques Remarques sur l'vne & l'autre Iave : & sur les Isles & Pays circonuoisins; suivant que M. Pol de Venise nous les descrit : car il semble que sa Gr. Iave soit l'Isle de Borneo, que ses Isles Sondur & Condur soient Pulo Condor, que sa Province de Beach soit la Presqu'Isle de Malaca, que son Isle Patan soit celle de Sumatra, & que sa Pet. Iave soit nostre Gr. Iave d'à present : la place nous ayant manqué, nous déduirons cete difficulté ailleurs; & ferons voir en mesme temps que Borneo, Sumatra, & Iava sont aussi les trois Sindes de Ptolemée.

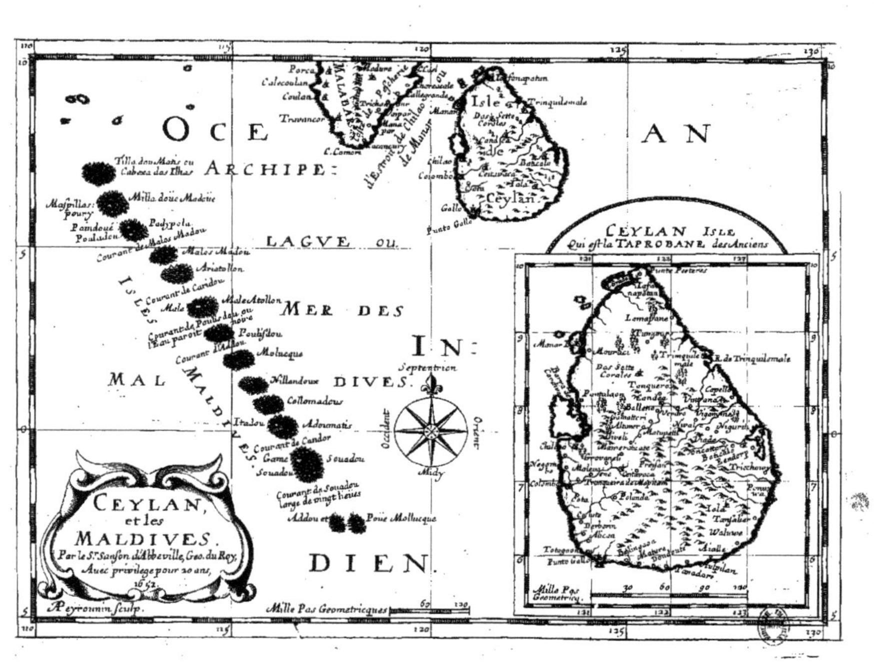
CEYLAN,
et les
MALDIVES.
Par le Sr. Sanson d'Abbeville, Geo. du Roy,
Auec priuilege pour 20 ans,
1652.
A Peyrounin sculp.
OCE AN
ARCHIPE:
LAGVE OU.
MER DES
IN:
DIEN.
MAL DIVES.
ISLES MALDIVES.
Septentrion
Midy
Occident
Orient
Mille Pas Geometricques
MALABAR
Isle de Ceylan
CEYLAN ISLE
Qui est la TAPROBANE des Anciens
Mille Pas Geometricq.
Courant de Souadou large de vingt lieues
Addou et
Poüe Mollucque
Souadou
Moluque
Nillandoux
Collomadoux
Adoumatis
Ariatollon
Males Madou
Male Atollon
Poulisflou
Trinquilemale
Colombo
Punto Galle
Manar
Chilao
Candea
Tonquero
Walwwe

Les Isles de Ceylan, & des Maldives.

NON loin du Cap de Comori sont les Isles de Ceylan, d'vn costé; les Maldives, de l'autre: Ceylan à soixante lieuës, vers l'Orient; les Maldives à cent cinquante, entre l'Occident & le Midy.

Ceylan est la Taprobane des anciens, encor que Ptolemée la fasse demesurément plus grande, que Ceylan ne se trouve à present. Son assiette deça le Gange, & prés le Cap de Comori, ol. *Comaria extrema*; encor prés le Cap de Caël, ol. *Cori* ou *Caligicum promontor.* Et sur le Destroit de Manar, ou de Quilao ol. *Argaricus sinus*; pres lequel & peu avant dans la Terre est Maduré, ol. *Modura Regia Pandionis*, & diverses autres particularités en faisans vne suffisante preuve.

Les Indiens la nomment Tenarisin i. Terre de Delices, les Arabes Zeylan Dive i. Ceylan isle. Elle s'estend environ du 6 jusques au 10. degré de Latitude, & ainsi comprend quatre degrés entiers, qui font cent lieuës du Midy au Septentrion: elle n'a que deux degrés & demy, ou peu plus de Longitude, qui valent soixante & tant de lieuës d'Occident en Orient: Tout le circuit est d'environ trois cent lieuës. Sa Forme est presque en Ovale, ou plustost en Perle, ou en Poire dont la queuë est vers le Septentrion, la teste vers le Midy.

Quelques-vns mettent en cette Isle sept Royaumes, les autres neuf, & d'autres encor plus, celuy de Iafanapatan est le plus Septentrional, ceux de Trinquilemale, & de Baticale sont les plus Orientaux; ceux de Chilao, & de Colombo, les plus Occidentaux; celuy de Iala le plus Meridional. Ceux de Candea, das Sette Corollas, & de Ceïtavaca tiennent le milieu. Candea est à present le plus fameux, ceux de Colombo, & de Ceïtavaca ont quelquesfois esté la demeure des Roys, qui ont commandé à toute l'Isle.

Aujourd'huy les Portugais y tiennent Colombo, Chilao, Manar, isle, & forteresse, Iafanapatan, & quelques autres places sur la coste, qui regarde le Destroit de Chilao, & de Manar. Colombo, & Chilao ne sont qu'à soixante lieuës, ou peu plus du Cap de Comori; Manar à vingt-cinq ou trente lieuës du Cap de Caël, & Iafanapatan à quinze ou vingt lieuës du Cap de Negapatan.

Les meilleurs Ports de l'Isle sont ceux de Gallo, de Colombo, & de Chilao: celuy de Gallo est l'vn des mieux connu de toute l'Inde; parce que de tous ceux qui y vont, ou qui en retournent, la pluspart sont contraints de reconnoistre la pointe de Gallo, crainte de tomber sur les bancqs des Maldives: il y a quelques années que les Hollandois prirent cette importante place sur les Portugais.

L'Air y est si temperé, & le Terroir si fertil que quelques-vns y estiment le Paradis Terrestre. Ses Fruicts, ses Herbes, ses Plantes ont vne odeur merveilleusement aggreable. La Canelle y est la meilleure du Monde, & particulierement vers Colombo, & Ceïtavaca:

il s'y trouve force Cardamome, Areca, Noix Muscades, & autres Drogues, & Espiceries; du Bois d'Aigle, Bois de Serpent, de l'Or. de l'Argent, & autres Metaux; bien que les Mines ne s'y trauaillent point. Force Pierreries, entre autres celles que les Portugais appellent Yeux de Chat. point de Diamants, force Perles, dont la Pesche se fait dans le Destroit, qui est entre cette Isle, & la Gr. Terre. Entre leurs Animaux les Elefans y sont si excellents, & dociles que ceux d'ailleurs leur portent honneur comme à leurs Superieurs.

Les Insulaires sont grands, noirs, laids, ont leurs Oreilles longues, leurs Narines larges; dispos au reste, & adroits, grands sauteurs, & pourroient fournir toutes les Indes de Comediens, & de Basteleurs: sont riches & s'entretiennent parmy les delices, leurs commodités les y convians : ne laissent d'estre enclins à la guerre. Il se trouve nombre de Chrestiens là ou sont les Portugais, le reste est Idolatre ou Mahometan.

Les Isles Maldives.

LES Maldives prennent leur nom de Male principale de ces Isles, & de Dive, qui signifie Isle. C'est vn amas d'vn nombre presque infiny de fort petites Isles, toutes scituées dans l'Ocean des Indes, & au deça du Cap de Comori :commencent dés le 8. degré de Latitude vers le Nord, ne finissent qu'au 3. ou 4. vers le Sud, la Ligne Equinoctiale passant pardessus : de sorte qu'elles s'estendent dans la longueur de trois cent lieuës; de largeur elles n'ont que quinze ou vingt lieuës, ou peu plus.

Elles sont divisées en treize Atollons, separés les vns des autres par certains canaux, & contenans chacun grand nombre de petites Isles; & c'est de là que le Roy des Maldives se dit Roy de treize Provinces, & de douze mille Isles; encor qu'il y en ait beaucoup moins, & plusieurs desertes, & que la Mer couvre estant haulte.

La disposition de ces Atollons est admirable; puis leurs Bancs, leurs Entrées, leurs Mouessons, ou Courants. Les Atollons sont presque tous ou en rondeur, ou en ovale; ayans chacun trente, ou quarante, ou cinquante lieuës de circuit: & s'entresuivent les vns les autres tirant du Nort-Nort-Ouest, au Sud-Sud-Est, ne restant entre deux que certains Canaux, larges plus ou moins, mais tous dangereux.

Ces Atollons sont environnés chacun d'vn grand Banc de pierres, n'y ayant artifice humain, qui puisse mieux fermer vne place, que ces Bancs font leurs Atollons: la Mer brisant ses Vagues contre ces Bancs, le dedans des Atollons demeure dans vne grande tranquillité, n'y ayant mesme que peu d'eau de profondeur. Les Entrées sont certaines Ouvertures de quarante, cinquante, aucunes de cent, ou deux cent pas communs, que l'Autheur de la nature a donné à chaque Atollon ; ſçavoir quatre à chacun, pour leur faciliter le paſſage d'vn Atollon à l'autre : parce que les Courants, qui ſont entre les Canaux, eſtant emportés ſix mois vers l'Eſt, & ſix mois vers l'Oüeſt, on ne pourroit traverſer d'vn Atollon à l'autre s'il n'y avoit que deux Ouvertures, l'vne vis à vis de l'autre. Ces Courants au reſte ſont ſi rapides, que quand il fait calme, ou qu'ils ſe rencontrent avec le Vent, ils emportent vn Vaiſſeau juſques au Malabar ou Ceylan, & quelquefois vers Sumatra, ſans qu'il s'en puiſſe deſgager ; & de l'autre coſté, juſques vers l'Arabie, & l'Afrique.

Les noms, & la ſuitte de ces Atollons deſcendant du Nort au Sud ſont Tilladou Matis .1. Pointe d'en haut, & par les Eſpagnols Cabexa das Ilhas, Teſte des Iſles, puis Milla-doüe Madouë, Padypola, Malos Madou, Ariatollon, Male Atollon, où eſt l'Iſle de Male, Pouliſdou, Moluque, Nillandoux, Collomadoux, Adoumatis, Soüadou, Addou, & Poüe Molluque ; ces deux derniers n'eſtans eſtimés qu'vn.

Les plus larges Canaux, & là ou les Courants ſont les plus grands, ſont ceux de Malos Madou, de Caridou, d'Addou, & de Soüadou. François Pirard de S. Malo vn de nos plus grands voyageurs fiſt naufrage dans le premier, demeura cinq ans dans les Maldives, où il apprit à loiſir la langue, la ſituation, & les meurs des habitans, & en a donné au Publicq vne deſcription fort particuliere.

Le Roy de ces Iſles demeure dans l'Iſle de Male, qui eſt vne des plus grandes, bien qu'elle n'ait que lieüe, ou lieüe & demie de circuit : elle eſt des plus fertiles, & preſque au milieu de la longueur de ces Iſles. Les Eſtrangers la frequentent à cauſe de la Cour. Il n'y a point de Villes par tout, leur diſpoſition eſtant aſſés advantageuſe. Leur ſituation monſtre vne grande chaleur, & toutefois les Iours y eſtants égaux au Nuits, & les Nuits ſujettes à de grandes Roſées, cela raffraichit la Terre ; auſſi leurs Eſtés y ſont ſans pluyes, & leurs Hyuers ſans glaces, ſe reſoudant en pluyes, & en vents d'aval. La Fiebvre nommée de Maldive, y eſt fort commune, & dangereuſe aux Eſtrangers, qu'elle emporte ſouvent en peu de jours.

Il n'y croiſt ny Ris, ny Froment : toutefois les Vivres y ſont à meilleur marché que dans le reſte des Indes. Ils ont du Ris de la Terre Ferme, & recueillent chez-eux du Mil en abondance, & la graine de Bunbi, ſemblable au Mil, mais noire. Ils ont force Fruits, Citrons, Grenades, Oranges, Bananes, & ſur tout vne ſi grande abondance de Noix d'Inde qu'ils appellent Cocos, qu'aucun autre Pays n'en a tant : & tout le Levant s'y en fournit, s'en chargeant tous les ans plus de cent Navires. Ils ont force Animaux, peu de Bœufs, & de Moutons, point de Chiens, les ayant en horreur, force Poiſſons.

Ils ont force petites Coquilles blanches, qui paſſent en divers endroits pour Monnoye, & s'en charge par an trente ou quarante Navires pour Bengala ſeulement, ſans ce qu'il s'en charge pour ailleurs.

Leurs Escailles de Tortuës sont fort estimées à Cambaye, parce qu'elles sont polies, noires, & bien figurées. Il s'en fait des Pignes, des Chassis de Miroirs &c. Leur Tavarcarré ou Cocos particulier des Maldives est fort medicinal, & de grand prix. Puis leur Ambre-gris, & noir; & leur Corail noir. Le Roy seul doit avoir tout ce Tavarcarré, & l'Ambre, ne permettant que ses Sujets en fassent trafficq.

On porte dans les Maldives en eschange de leurs denrées du Riz, de la Toile, de la Soye, du Coton, de l'Huile, de l'Areca, du Fer, de l'Acier, des Espiceries, de la Porcelaine, & de l'Or, & de l'Argent, qui n'en sortent plus. Ses habitans se servent de toute sorte d'Armes; leur Roy neantmoins n'est ny riche, ny puissant; si ce n'est dans ses Isles, & à l'égard des siens.

Entre les Raretés de ces Isles on remarque leur Candou, & leur Cocos. Il se fait des planches du Bois de Candou, avec lesquelles on retire du fond de la Mer toute sorte de pesanteur, quand elle seroit de cent mille livres. Ce bois est plus large que nostre Liege, l'Arbre est grand comme le Noyer, approchant de la feüille du Tremble, & aussi blancq, mais fort mol; ne porte point de fruicts: il s'en fait des Batteaux pour la pesche, s'en fait du Feu en frottant deux morceaux de ce bois l'vn contre l'autre, comme nous battons le Fuzil: & toutefois il ne brusle point, & ne se consomme point.

Quant au Cocos, ou Noyer d'Inde, il leur peut fournir tout ce qui est necessaire à la vie de l'homme. Il s'en tire du Vin, du Miel, du Succre, du Laict, de l'Huille, & du Beurre. Son Amande se mange au lieu de Pain auec toute sorte de Viande. La Feuille estant verte sert de Papier à escrire, estant seiche elle se fend par petites bandes; & se façonne en Panniers, en Hottes, en Parasols, en Chapeaux, en Couvertes, en Tapis. Le Brin qui est au milieu de la feüille estant sec, durcit; & s'en fait des Cabinets, des Coffres, & autres Meubles: de la Cocque qui enferme le fruict, il s'en façonne des Culliers, des Escuelles, des Plats, des Pots, &c. Vne maison se peut bastir entierement de ces Arbres, Le gros du Tronq sert à faire les Poutres, & les Solives: les branches fenduës en deux ou trois font les planches pour fermer les Maisons, & les Iardins; font des Lattes pour couvrir, & les Feüilles cousuës ensemble s'accommodent en divers rangs au dessus de ces Lattes, & rejettent aussi bien l'Eau de la pluye, comme font nos Thuilles par deça. Il se bastit encor quantité de Navires, dont toutes les parties se prennent de l'Arbre Cocos. La Quille, les Costes, les Planches, les Chevilles, les Ponts ou Tillacs, les Masts & Vergues, les Cordages, les Ancres, les Voiles, voire mesme tous les Vstenciles, qui servent dans le Vaisseau, se tirent de cest Arbre; & quelquefois leur charge, soit pour les Viures, soit pour les Meubles, soit pour fournir les Agrez d'autres Vaisseaux, est encor toute de cest Arbre seul.

FIN.